Alexander Zwirner

Orgelbauer-Erlebnisse

mit Hans-Joachim Schuke
Orgelbauer in Potsdam
(1908–1979)

Rensch
Orgelbau-Fachverlag
Lauffen/Neckar
1997

*Ich danke meiner lieben Frau Uta
für ihre Mithilfe bei der Erstellung dieser Niederschrift.*

Deutsche Bibliothek – CIP-Einheitsaufnahme
Zwirner, Alexander:
Orgelbauer-Erlebnisse mit Hans-Joachim Schuke, Orgelbauer in Potsdam
(1908–1979). – Lauffen/N.: Rensch, 1997
ISBN 3/921 848-32-6

ORGELBAU-FACHVERLAG RENSCH, D 74348 LAUFFEN/NECKAR
Satz, Gestaltung und Lektorat: Richard Rensch und Ulrike Schneider
Titelbild: Hans-Joachim Schuke, Zeichnung von Alexander Zwirner (1957)

Printed in Germany.
ISBN 3/921 848-32-6

Inhalt

Prolog

Hans-Joachim Schuke! Ein Name, ein Begriff, ein Markenzeichen im Land Brandenburg, in Deutschland und in so manchem Nachbarstaat.

Ich muß oft an diesen Mann denken, der mein Leben so entscheidend geformt hat. Der hier vorliegende Bericht ist nun schon in mehreren Variationen geschrieben worden. Für eine Veröffentlichung hat es früher nie gereicht. Aber ich bin der Überzeugung, daß es manchen Freund des Hauses Schuke gibt, der mehr über H.J.S. und seine Umgebung erfahren möchte. Deshalb also dieses Buch. Man darf darüber lächeln und schmunzeln, aber eine gesunde Nachdenklichkeit sollte dabei auch angeregt werden! Es werden immer weniger, die diesen kleinen großen Mann in Erinnerung haben, die ihn selbst hautnah erlebt haben.

Hans-Joachim Schuke – wie oft habe ich den Namen gehört und erlebt! Ich habe im Traum so manche Reise mit ihm noch einmal gemacht. Ich habe ihn bewundert, gehaßt und geliebt. Jetzt, wo er nun schon lange unter der Erde liegt, und sich bei mir der Herbst des Lebens zeigt, stellt sich der Gedanke ein, daß man schnellstens seine ihm eigene Lebensart aufzeichnen und vor dem Vergessen bewahren sollte.

Sicher ist manches emotional und subjektiv empfunden, obwohl ich mich um Objektivität bemühen möchte. Als Orgelbauer und Intonateur war, ist und bleibt man ein sehr sensibler Mensch. Alle Windrichtungen des Lebens, alle guten und schlechten Tage, Freude und Leid, all dies sind Faktoren, die großen Einfluß auf Seele und Geist nehmen. Kein guter Orgelbauer kann sich davon freimachen. Auch nicht H.J.S. Wenn man mit *ihm* auf großer Fahrt war, war er ein völlig anderer Mensch als in Büro und Werkstatt. Ein

Abbild seiner Person in Worte zu kleiden ist beinahe ein Wagnis. Man kann nur den Maestro selbst zitieren, der oft zu uns bei Klanganalysen sagte: „Meine Herren, Sie wissen, Worte sind unendlich arm; Sie werden schon den rechten Lösungsweg finden!“

Nun denn, ich will's versuchen. Ein Stück meines Orgelbauerdaseins soll nachklingen, damit ich eine Leitplanke habe, um die ich Erlebnisse mit ihm abwickeln kann.

Vor kurzer Zeit stand ich an seinem Grab in Potsdam. Mir fielen die sagenhaften Worte auf einem anderen, angeblich in Ostpreußen gefundenen, Grabstein ein. Darauf soll folgender Text zu lesen sein:

„Wenn Du stehst an meinem Jrabe,
wo ich endlich Ruhe habe,
schreybste freindlichst in dem Sand,
diesem hab ich ooch jekannt!“

Sic transit gloria mundi

Erste Begegnung

Wie schnell vergeht die Zeit! Vierzig Jahre sind nun schon vergangen, seit mein Leben durch Hans-Joachim Schuke – den Orgelbauer aus Potsdam – eine neue Form und Qualität annahm. Die allererste Begegnung habe ich vergessen, ich weiß nur noch, daß ich mit meinen Eltern zur Vorstellung in der Gutenbergstr. 76 war und erstaunt wieder nach Berlin fuhr, weil man vor einer Ausbildung in Potsdam erst ein Jahr bei einem Tischler in die Lehre gehen sollte. Ich wurde Tischlervolontär bei der Firma Wilhelm Brucksch in Berlin und durfte unter Meister Schubert alle möglichen und unmöglichen Holzverbindungen erlernen.

Nach der Bequemlichkeit des Schülerdaseins war die Umstellung auf das Handwerk nicht einfach. Holzstapeln, mit der Stechkarre durch Berlin *„uffn Bau fahrn"*, Fenster und Türen einbauen, aber auch jedes rohe Brett von Hand in eine geputzte, besäumte und winklige Form zu bringen, dies machten neben außerplanmäßigen Dienstleistungen für die verwitwete Chefin, zum Beispiel ihre Wäsche auf dem Holzplatz aufzuhängen, dieses Lehrjahr auf keinen Fall zu einem Herrenjahr. Nach einem halben Jahr Ausbildung fuhr ich mit einem Koffer voller Holzverbindungen nach Potsdam, um dort mein erlerntes Können vorzustellen.

Ich hatte beinahe alles mit, womit ein Tischlerlehrling gequält werden kann: Zinken, Schwalben, Kreuzverbindungen, Sprossen, verdeckte Gehrungen, Zapfen, Schlitze – ach, wie heißen sie alle, die tollen Erfindungen der Tischlerkunst, mit denen man ohne einen einzigen Nagel ein ganzes Haus zusammensetzen kann!

Der Tag war also da. Ich stand zaghaft mit meinem Holz – und jetzt ganz bewußt – vor Hans-Joachim Schuke! Ach, was war dies für ein kleines Männchen! Aber in meiner Situation verscheucht man alle unehrerbietigen Gedanken und versucht lieber, seinen „Geist“ ins rechte Licht zu rücken.

Zusammen mit Herrn Schuke war ein grimmig blickender Mensch erschienen; wie ich später mitbekam, war dies sein Werkmeister, Herr Helmut Pankow (sein grimmiger Blick entstand durch ein Augenleiden, aber wer erkennt das in der Eile und Aufregung der ersten Begegnung?).

Die beiden Herren begutachteten meine Werkstücke von allen Richtungen, und Herr Pankow stieß sein „Hm, hm, hm“ aus, ein Geräusch, das manche Lehrlingsgeneration noch im Schlaf gehört hat. Man war sehr zufrieden, forderte mich auf, noch besser zu werden und dann im Herbst nach Potsdam zu ziehen, um mit der Lehre zu beginnen.

Der hochoffizielle Akt war vorbei, und mir und den begleitenden Eltern wurde die Werkstatt vorgeführt. Ich gestehe, viel habe ich von den Dingen, die gezeigt und erklärt wurden, nicht begriffen. Ich weiß nur noch, Herr Schuke redete und redete, er versprach einem die besten Berufsaussichten, und jeder hätte die Chance, Intonateur und Konstrukteur zu werden. Alles wurde in den schönsten Farben geschildert. Eine Option auf eine rosige Zukunft!

Später habe ich mich oft gefragt: Warum hat der Mann nicht auch nur einmal über die Schwierigkeiten und Schattenseiten des Berufes gesprochen, warum nicht mal über die Problematik der Dauerbelastung durch die Trennung von der Familie, die ewig kalten Kirchen und so mancherlei Kümmernisse, die durch ein „Zigeunerleben“ entstehen?

Gab es die für ihn nicht? Unvergessen sind mir die letzten Worte dieser Begegnung, daß man ehrlich und fleißig sein müsse, alle Mitarbeiter *eine große Familie* bilden, und daß man bei ihm nur

Abb. 1. Helmut Pankow in der Holzwerkstatt, Potsdam, Gutenbergstraße 76 (1955)

eine Form des Diebstahls gestatte, nämlich die mit den Augen! Ebenso markant blieben aber auch die im Hintergrund von Werkmeister Pankow zu meinen Eltern gemurmelten Worte im Gedächtnis: *„Ick würde meinen Jungen doch nich Orjelbauer wer'n lassen! Übalejen Se sich det ooch jut. Isser erstmal Orjelbauer, denn kommta davon nich mehr los!"*

Recht hatte der Mann! Dies waren ehrliche Worte. Späteren Lehrlingen habe ich immer die Licht- und Schattenseiten des Berufes beschrieben. Entschieden sie sich dann für den Orgelbau, dann waren sie auch mit dem ganzen Herzen dabei.

In der Werkstatt

Der Beruf bleibt eine Berufung für das ganze Leben. Er ist unendlich schön, aber auch sehr schwer! Hans-Joachim Schuke hat wohl nie an die Nebensächlichkeiten seines Gewerbes gedacht. Sein Motto, „Gott zu loben ist unser Amt“, wurde oft von ihm zitiert, aber ob seine Familie immer dabei glücklich war?

Die erste dienstliche Begegnung mit dem Chef des Hauses war Anfang September 1954. Um sieben Uhr sollte ich mich in der Holzwerkstatt zum Lehrantritt melden. Ich liebe die Pünktlichkeit und ging deshalb zeitig vom Quartier in Richtung Firma (ich wohnte in der damaligen Stalin-Allee 58 bei Familie Jöster, kurz vor der Glienicker Brücke).

Ich nahm noch zu einer kurzen Verschnaufpause auf einer Bank gegenüber der Nr. 72 (Holzwerkstatt) Platz. Etwa um halb sieben Uhr wimmelte es plötzlich von Handwerkern und geschäftigen Leuten. Ein LKW wurde beladen, und ich bekam sehr schnell mit, daß eine neue Orgel auf die Reise ging. Es war ein wunderschöner Morgen. Mit Spannung sah ich dem Treiben aus sicherer Entfernung zu. Die Zeit verging, der Wagen fuhr ab.

Auf einmal erschien ein kleiner Mann und begann, gewissenhaft und gründlich die Straße von den Spuren der Verladetätigkeiten zu säubern. Ich konnte es nicht fassen, es war der Chef des Hauses persönlich, der hier eigenhändig und gekonnt die Straße reinigte! Erst viel später mußte ich begreifen, daß kein Mitarbeiter sich darüber mehr aufregte, jeder meinte nur: „Nun, der braucht es!“ oder: „Wir machen es sowieso nicht richtig!“.

Ich werde jedenfalls diesen ersten Eindruck nicht vergessen, den ich zwar belächelte, aber doch später irgendwie verstanden habe. Schuke wollte immer zeigen, daß er sich für keine Arbeit zu schade war. Es muß aber auch deutlich gesagt werden: er fegte leidenschaftlich gerne!

Das Werkstattleben nahm seinen Lauf. Werkmeister Pankow war allen Lehrlingen ein Grauen (später, als Geselle und Facharbeiter, wurde er mir ein lieber Freund). Mit mir lernten damals Otmar Schimmelpfennig, Hans-Joachim Rust und, als Umschüler, der Tischler Karl-Heinz Endert. Schimmelpfennig ist heute Orgelbaumeister irgendwo in Süddeutschland bei einer kleinen Firma. Hänschen Rust hat den Beruf gewechselt – ich glaube er ist in die Elektrobranche gegangen –, Endert ist (zur Zeit dieser Niederschrift) Werkmeister in Potsdam.

Abb. 2.
Am Beginn der Ausbildung: Ottmar Schimmelpfennig, Alexander Zwirner (1954)

Im Hintergrund: Stadtschloß, Nikolaikirche

Nun, auch ich habe einen anderen Weg beschritten, sehr wechselhaft und durch die launischen Zeiten zu harten Kurswech-

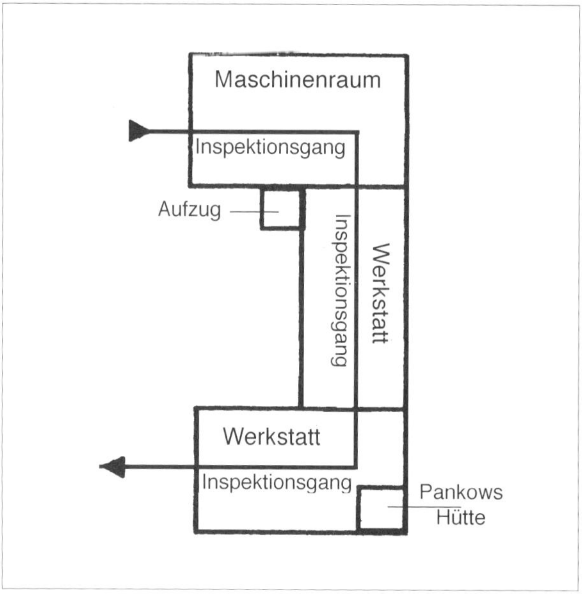

Abb. 3. Holzwerkstatt Gutenbergstr. 73

seln gezwungen. Als ich 1977 Potsdam verlassen habe, war der Betrieb verstaatlicht. Ich wurde Archivar an einer Ingenieurschule in Berlin. Nach der Wiedererlangung der Einheit Deutschlands fand ich eine mindere Stelle bei einem Bezirksamt der Stadt. Ein „Job", der mir die Freiheit zur Ausübung eines Nebengewerbes läßt. Unter der Firmierung *Orgelstimmung & Wartung* erhalte ich mir meinen Orgelbau und übe ihn noch bis heute aus. Ich denke an Helmut Pankow, was er bei der Einstellung zu meinen Eltern sagte: „Isser erstmal Orjelbauer, denn kommta davon nich mehr los!". Es ist wahr, ich kann nicht davon lassen.

Dieser kleine Einschub mußte sein; denn die Geschichte war schneller als meine Niederschrift.

Wir alle, außer Umschüler Endert, der den Chef schon länger kannte, konnten nun unseren „Prinzipal" studieren! Schnell lernte man neben beruflichen Dingen auch die schönen und liebenswerten Marotten seiner Vorgesetzten kennen. War der „Alte" im Lande, kam er jeden Tag zur Inspektion durch den Betrieb. Er erschien am hinteren Ende der Werkstatt und ging von Arbeitsplatz zu Arbeitsplatz (oder fachlich besser gesagt: von Bank zu Bank!). Er kroch förmlich in jede neue Pfeife oder Windlade. Was war er pingelig, wenn irgendwas nicht nach seinen Vorstellungen geraten war. „Scheißdreck, Murks, ich muß das verkaufen" waren noch die harmlosesten Äußerungen.

Abb. 4. Hermann Höhne in der Holzwerkstatt (1954)

Trat Widerspruch auf, dann konnte er furchtbar zornig werden. Es kam zur Explosion! Er nahm das Werkstück und ging damit zur Bandsäge und, ratsch, der Fall war ausgestanden. Der Kollege durfte seine Arbeit nochmals machen.

Ich habe in der Zeit meiner Ausbildung viele Blasebälge gebaut. Bei den sogenannten Schwimmerbälgen wird der Balgkasten zusammengezinkt (manche nennen diese Holzverbindung auch Schwalbenschwänze). Ich gebe zu, diese Holzverbindung, ganz besonders bei Bälgen, sollte sehr dicht und genau sein.

Es ist alles sehr menschlich, also auch die Tatsache, daß nicht immer jeder Balgkasten ein Paradebeispiel gekonnten Zinkens war. Ach, wie groß war dann das Geschrei bei der Inspektion, so von wegen, man könne ja eine Mütze durchwerfen usw. Dann ging *„Seine Herrlichkeit“* auf einen uralten Kollegen zu (den ollen Hermann Höhne) und sagte zu uns: „Hier nehmt euch diesen Mann zum Vorbild, jeder Schritt ist überlegt, er dreht sich nie vergebens um, seine Zinken sind immer dicht.“ Oh weh, Vater Höhne war ein lieber alter Mann. Er konnte sich überhaupt nicht mehr schnell umdrehen, aber wie herrlich konnte er kleine Unkorrektheiten verbergen, schnell, geschickt und gekonnt! Selbst in Gegenwart des Chefs tupfte er bereitgehaltene Sägespäne mit einem in Warmleim getauchten Pinsel auf und verschloß damit Undichtigkeiten bei seinen Verzinkungen. Es ist mir heute noch unbegreiflich, daß H.J.S. dies nie gesehen hat. Höhne war halt der Größte.

Wenn ich an die Korrektur nicht ganz so gelungener Arbeitsstükke denke, so fällt mir der Name eines lieben Kollegen ein, der sich damals auch meisterhaft zu helfen wußte. Gerald Reitzig aus Zittau hatte bei der Firma Schuster gelernt und ist heute honoriger Orgelbauer in Schweden, bei einer Firma in Lund. Damals war Gerald noch ein „junger verspielter Hund“, wie man so sagte, der aber hervorragend arbeiten konnte. Verdarb er aus Schusseligkeit eine Mechanik, so wurde das nie bemerkt, weil er unter der Bank immer gleich extra gefertigte Ersatzteile hatte und so ganz schnell in der Lage war, entstandenen Murks zu beseitigen. Mit Wonne ärgerte Gerald den alten Pankow! Es ist sogar vorgekommen, daß er bei einer hitzigen Diskussion Pankow Mechanikteile vor die Füße warf. Gerald blieb nicht lange in Potsdam. Wie auch für manch anderen Kollegen war diese Stadt das Sprungbrett in den Westen. Von hier konnte man bei der damals noch offenen Grenze das westliche Umland besser erforschen und die geplante Ausreise einleiten.

H.-J. Schuke in Werkstatt und Büro, dies war immer mit Hektik und manchmal auch mit unangenehmen Arbeiten verbunden. In der Werkstatt erfuhr man selten ein nettes Wort von ihm. Man zählte zwar auch zur großen Familie, doch war man halt ein kleines unsichtbares Rädchen im großen Getriebe des Orgelbaubetriebes. Trotzdem hatte dieser große Betrieb auch seine familiären Menschlichkeiten.

Der damalige Haus- und Hofarbeiter nahm den Befehl zum Wagenwaschen sehr ernst. Das nagelneue Fahrzeug wurde mit Ata-Scheuersand gründlich gereinigt. Noch heute schweben bestimmt einige Partikel der herrlichen Standpauke über dem Gelände! Ein anderer Kollege übersah die Kühlwasserkontrolle. Der Schaden am Auto war zwar minimal, aber das Donnerwetter mitten auf der Straße, nebst öffentlicher Belehrung, war eine exquisite Registrierung einer Unwetterdisposition!

Der *Geist des Alten* schwebte immer irgendwo!

Zumindest kündigte sich der Chefbesuch durch fürchterlichen Husten an. Herr Schuke war ein guter und kräftiger Raucher! Damit seine Lungen nicht den ganzen Teer zu schlucken hatten, war immer eine Filterspitze mit eingesetzter Patrone in Aktion. Ich habe auch mit einem solchen Utensil gequalmt, aber ich bin mir nicht

Abb. 5. Das Raucherkollegium (Eingang Gutenbergstraße 72)

Rust; Pucher, Stürzebecher, Zwirner, Schimmelpfennig; Reitzig; Nehm sicher, ob ich damit gesünder gelebt und geraucht habe. Ja, die Raucherei war schon ein Problemchen und ganz besonders im Umgang mit seiner „Magnifizenz“!

Abb. 6.
Auszug aus meinem Reisetagebuch. Packungssammlung der gerauchten **„Westzigaretten“,** die das Reiseleben „verschönt“ haben!

Anmerkung: Zigaretten und Spirituosen aus der Bundesrepublik waren für den DDR-Bürger nicht nur begehrte „Lustobjekte“, sondern auch Bargeldersatz und bestes Zahlungsmittel für Mangelware!

H.-J. Schuke sah es als echten Gewinn an, wenn seine Mitarbeiter rauchten. Wer nicht rauchte, war kein richtiger Orgelbauer. Mit Wonne und Lust brachte er manchen jungen Kollegen dahin, daß er zum Glimmstengel griff. Ich gestehe, heute sieht man das etwas anders. Jetzt verbieten mir Vernunft und Gesundheit diesen „Genuß“. Schade, es war ein herrliches Laster! Wie gut war ein Pfeifchen auf Montage! Der Rauch war immer ein Tröster bei schlechten Quartieren und miesem Essen. In der kalten Kirche war eine glimmende Zigarette unter der Nase eine Wohltat, und irgendwo brachte der Tobak etwas Gemütlichkeit in jene Emporenecke, die man sich für ein Kaffeepäuschen auserkoren hatte.

Die Raucherei konnte in Gegenwart des Chefs bis an die Grenze der Unhöflichkeit praktiziert werden. Ich denke da an spätere Dienstbesprechungen, wo die wenigen Nichtraucher rücksichtslos eingenebelt wurden. Ein Fenster wurde grundsätzlich nicht aufgemacht!

Ganz besonders einer von uns mußte unter unserem Raucherwahnsinn leiden. Er vertrug den Rauch absolut nicht, obwohl er sogar mal im Raucherkollegium der Holzwerkstatt an einer schmurgelnden Pfeife gelutscht hatte. Dieser Kollege hat auf seine besondere Art die Geschichte des Hauses Schuke belebt. Obwohl er fachlich sehr gut war, wurde er als Werkmeister und Nachfolger von Helmut Pankow nicht so glücklich, besonders nicht mit Lehrlingen und jüngeren Kollegen. Er brachte es nicht über sich, mal über sich und kleine Albernheiten lachen zu können. Wie menschlich, oder auch unmenschlich: er mußte deshalb kleine Spötteleien oder unseren Rauch ertragen! Hier zog H.J.S. feste mit. Auch er kannte seinen Werkmeister bestens!

Es war eigentlich ein Jammer. Unser Werkmeister war seit langer Zeit der erste Orgelbauer in Potsdam, der den Meisterbrief erworben hatte. Trotz seiner hohen Qualifikation fand er nie die entsprechende Anerkennung. Wie sagte der „Alte“ immer: *„Der Jeist muß stimmen!“*

Auf Reisen

Reisen mit dem Chef, oder sogar Montage oder Intonationsarbeiten mit ihm, waren interessante und sehr anstrengende Stunden, Tage oder Wochen. Je weiter Büro und Betrieb mit den täglichen Sorgen, dem Kleinkrieg mit Steuer, Behörden und Finanzämtern entfernt waren, um so menschlicher wurde er.

Natürlich blieb er dabei der Prinzipal alten Stils. Er war der Boß, und alle hatten zu springen.

Hier denke ich, um ein Beispiel zu bringen, an eine Montage im Dörfchen Schmerzke bei Brandenburg. Dieser Ort hat eine liebe kleine Kirche und war früher mal eine Filiale des gewaltigen Doms zu Brandenburg. An die Ausstattung des Kirchenraumes kann ich mich kaum erinnern, aber eine Wandmalerei im Turmeingang wird mir unvergeßlich bleiben, die gleichzeitig mit dem Orgelneubau durch den Kunstmaler Munslinger entstand. Es war ein ergreifend malerisches Gedenken an die Gefallenen beider Kriege. Schlicht, begreifbar, schön!

Bei der Ankunft schnappte sich Meister Schuke gleich das Quartier beim *pastor loci* und war der Meinung, daß er das beste Quartier erwischt hätte. Zweiter Mann bei dieser Unternehmung war Klaus Knoth (er hatte damals gerade, oder beinahe, schon ausgelernt. Heute ist er in führender Position bei Rieger in Vorarlberg/Österreich).

Klaus und ich bekamen Quartiere bei Bauern, die zur damaligen Zeit noch nicht verstaatlicht waren.

Gleich zum Anfang der Arbeiten mußte der Chef betrübt feststellen, daß sein Pastor nicht über eine Selbstversorgung verfügte. Die Folge war, daß er nur „normale“ Kost bekam. Wurst, Butter

Abb. 7. Ev. Kirche Schmerzke

und Marmelade waren aus dem Konsum! Klaus und ich schwelgten dagegen bei guter Bauernküche. Ei, was war Vater Schuke sauer, als er unsere Frühstücksbrote sah! Wir haben aber christlich geteilt; denn auf Montage war auch er Kumpel (bis auf Ausnahmen, die sich wohl nie vermeiden ließen?).

Meine Bauersleute produzierten noch selbst Butter und Honig. Ein Genuß zum Frühstück! Da sich ein guter Bauer dem Stadtmenschen gegenüber gerne von seiner besten Seite zeigt, wurden auch Gläser mit guter Wurst und anderem Eingemachten geöffnet.

In der Zeit der Lebensmittelkarten war diese Verköstigung eine wunderbare Sache. Die Namen der Bauersleute habe ich vergessen, aber sie haben mit ihrer Gastfreundschaft dem Dorf Schmerzke große Ehre gemacht. Großen Dank ihnen und vielen anderen Quartiersleuten auf allen meinen Reisen.

Die Arbeit begann. Der Werktag war auf die Intonationsarbeiten abgestimmt, d. h., es wurde der Ruhe wegen viel in der Nacht gearbeitet. Aus heutiger Sicht war dies völlig unnötig.

Das Dorf Schmerzke hatte damals noch seine herrliche Ruhe und Beschaulichkeit. Traktorenlärm war noch eine Seltenheit! Nachtarbeit war aber gerade modern. In den Städten mag es oft angebracht, aber auch nicht immer nötig sein. Es war aber vielleicht eine kleine Marotte der Orgelbauer! Es verschaffte manchmal so das Flair der leidenden Künstlerwelt (keine Nacht im Bett, am Mittag dann aus den Federn)!

Nun, wir standen also unter des Meisters Führung so gegen zehn Uhr auf und waren oft erst um vierundzwanzig Uhr und später bzw. in der Frühe wieder im Bett.

Die Montage begann damit, daß man *Vatans Koffer*, ein Relikt seines Alten Herrn, aus dem alten Betriebs-Hanomag in die Kirche schleppen mußte. Ich war der Jüngste in der Truppe, also war es

Abb. 8. Orgelbauer (etwa 1955)
Parisius, Zwirner, Reitzig (?), Nehm, Pucher, Rust, Stürzebecher, Schimmelpfennig

meine Arbeit. Der nächste Akt war die Reinigung der Empore. „Alex, geh' mal zum Pastor und hole Besen und Müllschippe". Die Reinigungsarbeiten machte er, während Klaus und ich mit der Aufstellung von alten Bänken und Tischen beschäftigt waren, um so eine Ablage für das Werkzeug und auch eine Arbeitsfläche zu schaffen. Zwischendurch wurde ich ins Pfarrhaus geschickt, um ein zweites Frühstück einzuholen.

Es sei an dieser Stelle nochmals daran erinnert, es war noch die Zeit der Lebensmittelkarten mit allen damaligen Versorgungsproblemen. Aus diesem Grund hatte auch unsere Potsdamer Firma die Klausel „Freie Kost und Logis" in jedem Vertrag. Als Ausgleich war der Spesensatz kleiner. Doch wenn man nicht zuviel rauchte und seine Lebensmittelkarten im Heimatort verkaufte, konnte man ganz schön sparen.

Also war für uns Orgelbauer „Kost und Logis“ eine feine Sache. Der Tisch war immer gedeckt, und nach einem Bett mußte man auch nicht erst suchen. Vom Pfarrer wurde alles organisiert. Man wurde je nach Ort, Dorf oder Stadt von Bauer zu Bauer zum Mittagstisch vermittelt.

Wenn Landwirt Nr. 1 eine Ente geschmuggelt hatte, wußte dies bestimmt der Gastgeber des nächsten Tages und ließ sich nicht lumpen. Entweder es gab zwei Enten, oder eine noch bessere Delikatesse. Natürlich war es nicht immer so, aber es ist wirklich keine Übertreibung. Einen derartigen Wettbewerb gab es unter den Landleuten! Ich habe diese Art der Beköstigung immer sehr genossen. Zur damaligen Zeit waren Montagen in den Städten armselig, dort hatte man nämlich nichts zum Beißen. Gäste mußten ihre Lebensmittelkarten mitbringen!

In Schmerzke wie auch später in anderen Orten bekam man vom Pastor eine Liste mit allen Gastgebern. Je nach Verzeichnis ging es dann quer durch das ganze Dorf. Mal hier zum Mittagstisch oder dort zum Abendessen. Hin und wieder war man auch zu allen Mahlzeiten bei einer Familie eingeladen. Es war teilweise eine vergnügliche Angelegenheit.

Es begann schon damit, daß man beim Anmarsch zum Bauern einige Spielregeln beachten mußte. Zum Beispiel: Aus welcher Richtung kommt der Hofhund. Ist es ein netter Hund? Oder man sah sich noch bei Tageslicht gründlich das Gehöft an, damit am Abend der meist rückwärtig gelegene Eingang gefunden werden konnte.

Mit der Zeit lernte man auch, wie man mit zischenden Gänsen und Putern umgeht. Nur mit verstimmten und grollenden Hofhunden hatte ich immer Probleme. Doch, zum Glück, viele Kollegen dieser Spezies machten nur großen Radau, waren aber dann doch ganz friedlich.

Kurz und gut, hatte man alle eventuellen Hindernisse überwunden, dann stand man an der Tür auf der Hinter- bzw. Hofseite des Gehöftes und klopfte bescheiden an. An dem dann tönenden: „*Komm' Se man in!*“ konnte das geübte Ohr schon den guten Gastgeber erkennen.

Groß und Klein in der Familie wurde begrüßt. Auch die anfängliche erste Befangenheit löste sich sehr schnell. Da man in Arbeitskluft erschien, glich man auch in der äußerlichen Aufmachung den hart arbeitenden Landmenschen.

Manchmal wurde für die Stadtgäste extra die gute Stube gelüftet und feingemacht, so daß es direkt peinlich wurde, wenn wir im „Blauen“ kamen. Doch schnell fielen alle Schranken, wenn der Orgelbauer beherzt mit aus der großen Schüssel den Salat nahm und – ich habe es wirklich noch erlebt – sich einen Fleischbrocken vor dem Mund abschnitt. Diese Kunst ist urwüchsig und macht Spaß. Essen macht Laune!

Gerade in Schmerzke, so zeigen es meine Aufzeichnungen, erlebte ich ein derart echt rustikales Mittagessen, annähernd ähnlich später noch im abgelegenen Nachbarort Prützke.

Ein Berg Pellkartoffeln stand in einer großen Schüssel auf dem Tisch. Jeder bekam sein Werkzeug, eine handfeste Gabel und ein fürchterlich scharfes Oldtimer-Messer. Jetzt konnte gefuttert werden.

Man schälte sich seine Kartoffeln, erzählte über die Arbeit, man stippte sich ein Stück deftiges Pökelfleisch aus der Pfanne und schnitt es auf einem Brettchen mundgerecht. Dazu gab es die wunderbaren eingelegten Senf- oder Salzgurken. Alles natürlich eigene Produktion. Der Gastgeber stopfte sich ein großes Stück Fleisch in den Mund, und was nicht reinpaßte, schnitt er vor den Lippen ab. Ich habe es auch versucht, es ist überhaupt nicht schwer!

Meine Lippen habe ich noch heute. Ja, man futterte kräftig, man sprach auch so, und es war eine herzliche und gemütliche Stimmung.

Ich bin sehr, sehr gerne bei solchen einfachen und unkomplizierten Leuten gewesen. Mich hat es nie gestört, wenn es nicht ganz so elegant und aufgeräumt war. Man schaffte sich sein Plätzchen. Oft wurden die Mahlzeiten der Landleute in ihrer praktischen Allzweckküche eingenommen. Da konnte es schon vorkommen, daß auf dem zugewiesenen Platz noch Berge von Bügelwäsche oder andere Kleidungsstücke lagen. Nun, schnell waren Hemden, Schlüpfer und Handtücher mit der darauf schnurrenden Katze beiseite geschoben. Das Problem war gelöst.

Die Tischgespräche waren immer interessant. Als Stadtmensch

Abb. 9. In Schmerzke: Bearbeitung der Mixtur (1956)
Schuke, Zwirner, Knoth

bekam man gute Einblicke in das Landleben, in alle Sorgen und Nöte. In der Zeit der Lebensmittelkarten hatten die Bauern strenge Planauflagen und ein hartes Abgabesoll. Wer da schlechte Böden hatte, mußte sehr kämpfen.

Dazu kam noch, daß per Direktive bestimmte Anpflanzungen befohlen wurden, zum Beispiel Mais oder Tabak. Der Landwirt, der seinen Acker am besten kannte, wurde nicht gefragt. Wo gute Kartoffeln hätten wachsen können, mußte nun plötzlich eine Frucht nach Planauflage angebaut werden. Hier wurden schon die ersten Weichen zur ständigen Mangelwirtschaft gestellt!

Mit längerem Aufenthalt bei einem Gastgeber nahm man dann sogar am bäuerlichen Leben, so weit es die Pausen- und Freizeiten gestatteten, teil. Ach, in wie vielen Ställen war ich drin? Manches brave Schweinchen habe ich mit ins Jenseits befördert und es dann bei einem ordentlichen Schlachtefest mit gutem Appetit in freundlichem Gedenken geehrt!

Soweit diese kleine Schilderung des Landlebens. Sie soll einen Eindruck über eine reizvolle und liebenswerte Seite des orgelbäuerlichen Wanderdaseins wiedergeben. Ob es heute in der Marktwirtschaft auch noch so ist?

Zurück zur Arbeit in Schmerzke!

Spannend wurde es auf der Empore, wenn Vater Schuke nach allen Vorbereitungen zum Akt der Intonation kam. Die Intonation, eine Handlung, die je nach Instrument Wochen oder sogar Monate dauern kann, ist die Krönung aller Arbeiten im Orgelbau. Hier wird der Klang und der Geist der Orgel bestimmt.

Wie aufgeregt war der „Alte“, als der Probeton, das „kleine a“ vom Prinzipal 4' sein erstes Lebenszeichen gab. Himmel hilf, war das ein Kult! Es gab ein großes Gerenne durch die Kirche, man lauschte von jeder Ecke. Kurz, Probetöne waren bei *Hansi,* wie wir ihn manchmal auch nannten, eine schwierige Geburt.

Zugleich sei aber gesagt, daß ich die Herstellung des Probetones nicht ins Lächerliche ziehen möchte, es hat da wohl jeder Intoneur (wie die Intonateure bei Schuke genannt werden) so seine Herstellungsart! Probetöne waren bei H.J.S. – und sind es auch bei anderen Intoneuren – immer ein heiliger Akt. Bei ihm war es halt nur ganz besonders aufregend.

Die erste Schöpfungstat bestimmte dann die Atmosphäre der nächsten Stunden. Erst nach einiger Zeit, wenn sich das halbwegs fertige Register herausschälte, wich die Spannung. War er jetzt mit dem Ergebnis zufrieden, und lief alles weiter nach seinen Vorstellungen, war er der gemütlichste Mensch!

Kollegen in der Werkstatt, die nie den Chef auf Montage erlebt hatten, konnten sich den Menschen Hans-Joachim Schuke in solcher Verfassung nie vorstellen. In guter Stimmung erzählte er aus Gefangenschaft und Familie. Er präsentierte gute und anständige Witze. Er war Kumpel und Kamerad und konnte dann einfach herrlich nett sein.

Natürlich hatte er auch, wie so mancher Künstler, seinen Spleen. Wenn er Mixturen auslegte und die Tonnumerierung sah, wußte er sofort, welchen Ton die jeweilige Zahl bedeutete. Als Beispiel: 1; 13; 25; 37; 49 sind die Töne C; c; c'; c''; c'''.

Er hatte aber alle Tonnummern im Kopf und konnte sich die Zwischenwerte sehr schnell errechnen. Auf Kommando konnte er sagen, welche Töne auf 7; 41; 18 usw. liegen. So etwas war sein Steckenpferd. Er freute sich sehr, wenn man ihm darin Anerkennung zollte. Es war nur unangenehm, daß wir immer als Versuchskaninchen gebraucht wurden und auf schnelle Abfragen reagieren mußten. „Alex, welcher Ton ist Nr. 29 ?“ Wehe, es kam nicht sofort die richtige Antwort.

Wie alle Orgelbauer hatte auch er seine persönliche Spezialzusammenstellung an Arbeitskleidung. Ein grauer Arbeitsmantel, ein dicker Rollkragenpullover, eine in Farbe und Form undefinierbare Fellweste (noch aus der Kriegsgefangenschaft), und auf dem Kopf eine Baskenmütze. Dies war seine Standardausrüstung. Bei

Abb. 10. Frühstückspause auf dem Friedhof in Schmerzke (1956)

besonderen Schmutzarbeiten hatte er eine alte, gelblich aussehende Arbeitshose an Die Krönung war aber seine „Festbekleidung“: ein besonders guter Arbeitstag oder eine sehr heikle Arbeit brachten es mit sich, daß er *Vatans Lederschürze* trug. Dieses prächtige Stück habe ich leider nur zweimal bei ihm in Aktion gesehen.

Wenn er dieses Gerät umgeschnallt hatte, war er guter Laune. Jeder bekam erstmal die Historie dieser Kleidung präsentiert und

Alexander Schuke - Orgelbauanstalt

15 Potsdam, Gutenbergstraße 76 - Telefon: Potsdam 23713

Telegramm-Adresse: Orgelbau Potsdam

Montage-Zettel № 2743

für

Tag

Beschreibung der geleisteten Arbeiten:

Arbeit	Fahrt

Verbrauchte Materialien:

Monteur: **Fahrtauslagen:**

Helfer: „

Die Richtigkeit bescheinigt:

, den 197

I/16/06 A 276/10 Fu 341/70

Abb. 11. Montagezettel

durfte dann ehrfürchtig das gepeinigte Leder bewundern. Wenn mich meine Erinnerung nicht täuscht, war die Schürze noch vom Vorgänger des „alten Alexander".

Na, man sah ihr die Jahre, die Lötkleckse und abgewischten Leimhände an. Wo wird sie jetzt wohl ruhen? Auf jeden Fall, diese Schürze war für Hans-Joachim Schuke ein ehrwürdiges Andenken an seinen Vater, dem sie wohl immer ein treuer Begleiter auf dieser irdischen Erdenbahn gewesen sein muß.

Abb. 12.
Paukenton
(Walcker-Orgel Berlin)

Zur Säuberung der Windbahnen nahm H.J.S. immer eine kleine Schuhbürste. Ich sehe es noch heute – und muß leise vor mich hinlächeln – wie er dann mit seinen sehr kurzsichtigen Augen, die Brille abgenommen, die mehr oder weniger gut gearbeiteten Labien musterte. Bei einem negativen Urteil hörte man dann sein berühmtes: „Scheißdreck, Scheißdreck!"

Wie so mancher Orgelbauer – auch ich – hatte er seine Freude an Friedhöfen. In Arbeitspausen sind wir oft zwischen den Gräbern gewandelt und manche gute Unterhaltung über den Anfang und das Ende ergab sich zwangsweise. *Humus sumus!*

Auch hier in Schmerzke konnte er auf einige Grabstellen verweisen und mitteilen, daß er diese nun ruhenden Dorfbewohner noch bei Verhandlungen um die neue Orgel kennengelernt hatte.

Ein Orgelbauer hat ein gutes Verhältnis zur Kirche und den dazugehörigen Liegenschaften. Seine Zweitwohnung ist das Gotteshaus mit allem Zubehör, vom Turm bis zur Gruft, von den Altarstufen an bis zur Empore.

Wenn ich die Berufsbezeichnung *Orgelbauer* verwende, so ist dies sehr weitläufig. Intoneure und Monteure sind diejenigen, die sehr, sehr häufig ihren „zweiten Wohnsitz" in der Kirche haben. Diese Gruppe der Orgelbauer ist ständig auf Reisen, um Orgeln aufzustellen, zu pflegen und zu hegen. Sie haben herzlich wenig Familienleben, keine häusliche Gemütlichkeit, selten vernünftige Waschgelegenheiten und noch seltener eine ordentliche Toilette! Wohl dem Monteur, wenn das Pfarrhaus für die großen und kleinen Bedürfnisse neben der Kirche steht!

Nochmals der Sprung nach Schmerzke in die kleine Dorfkirche, in ihre Ruhe und ihren Frieden. Ein wundersamer Arbeitsort. Mit H.J.S. saß man, wenn die ersten Sonnenstrahlen das Herz erwärmten, zwischen den Gräbern mit Stuhl, Hocker und Tisch, lauschte der Natur und genoß Frühstück, Kaffee und Zigarette.

Natürlich wurde dabei dann ordentlich gefachsimpelt und über den weiteren Arbeitsgang geredet. Manchmal aber erzählte er aus der Vergangenheit seiner geliebten Stadt Potsdam. Er schilderte uns diese Stadt, wie sie vor der Zerstörung ausgesehen hat, welchen Zweck die alten Grachten hatten, welche große Kultur einst in dieser Residenz zu Hause war. Das war seine Welt, und das Zuhören machte Freude.

Diese Augenblicke waren ein großes Auftanken für alle weiteren Arbeiten. Diese Stunden vergesse ich nie!

Rostock, St. Petri

Meine Lehrjahre gingen ins Land. Wieder wurde ich für würdig befunden, eine Intonationsreise mitzumachen. Hans-Joachim Schuke, Klaus Knoth und ich machten uns reisefertig, um nach Rostock in die St. Petri-Kirche zu fahren.

Werkstattvorbereitung (Werkzeugpflege, Leim, Leder und anderes Zubehör einpacken). *Vatans Lederkoffer* – auch schon ein betagtes Stück – wurde mit Felljacke, gelber Arbeitshose und anderem persönlichen Bedarf gepackt. Als junger Spund brauchte man selber noch nicht so viel, vielleicht war man großzügiger und drehte das Hemd öfters um!

Kurz und gut, alles war klar und ab ging's nach Rostock. Es war das Jahr 1956, und der Zug brauchte beinahe acht Stunden, ehe er auf den eingleisigen und ausgeleierten Schienen sein Ziel fand. Ach, wie traurig sah es damals noch in der Stadt aus. An allen Ecken sah man furchtbar viele Trümmer und Ruinen. Damals stand das alte Hafenviertel noch. Es war weniger beschädigt und relativ gut erhalten (es wurde leider später in „sozialistischer Bauweise" umgemodelt). Vom Bahnhof quietschte noch eine ehrwürdige Straßenbahn mitten durch die schöne Altstadt, und der jetzige Stadtring war noch in der Planung.

Schuke, Klaus und ich trudelten also voller Spannung auf dem Bahnhof in Rostock ein. Ich hatte gleich das Vergnügen, den schweren Werkzeugkoffer, eine Absetzsäge, mein persönliches Gepäck, ein Drosselventil (die Techniker hatten ein besser funktionierendes als das vorhandene bestellt) bis zur St. Petrikirche auf den Gipfel von Rostock zu schleppen.

Obwohl vom Hauptbahnhof die Straßenbahn fuhr, es wurde eisern gelaufen! Der Chef wollte Bewegung nach der langen

Bahnfahrt. Es war eine irre Buckelei, doch man war solche Geschichten gewohnt und fand nichts dabei. Aufmucken wäre sowieso ohne Sinn gewesen. Außerdem empfand man es als Auszeichnung, wenn man mit auf Intonationsreise durfte, da waren halt solche kleinen Unannehmlichkeiten mit einzuplanen!

Heute, im Zeichen von Auto, Flexibilität und Marktwirtschaft, kann man sich solche Reisekultur kaum vorstellen. Es ist bestimmt vieles bequemer geworden, aber dafür darf auch nur noch Zeit für Arbeit und nochmals Arbeit sein!

Im kargen Land Brandenburg lebte man schon immer nach dem Motto: *Ora et labora!* Zu DDR-Zeiten wurde der Spruch modifiziert in: *„Labora, labora“*, oder: *„Dawai, dawai, raboti“*.

Und jetzt?

Eine neue Generation, eine neue Zeit!

Ob junge Leute heute noch genau so gerne auf Reisen gehen und alle Unbequemlichkeiten in Kauf nehmen? Damals war es nicht der Kampf um einen Arbeitsplatz. Damals bedeutete Reisen: raus aus den engen Landesgrenzen, wenn man Glück hatte, sogar ins *„Nichtsozialistische Ausland“*. Dazu zählte auch der westliche Teil Deutschlands, die Bundesrepublik!

Wie dem auch sei, früher war nicht alles besser, aber vielleicht schlummerte noch in meiner Generation ein verstecktes Obrigkeitsdenken. Vielleicht hatte man aber auch mehr Respekt vor älteren Jahrgängen mit ihrem über lange Zeit erlernten Können. Die Figur des Chefs, mit allen Wenn und Aber, war für mich immer Ansporn und Vorbild im Beruf.

Er entzündete unermüdlich ein Feuerchen des Idealismus in uns, wobei ihm sehr bewußt war, daß man davon alleine nicht leben kann, ihn aber unbedingt zur hohen Kunst des Orgelbaus braucht.

Nun soll hier keiner denken, daß mit Freude und einem Choral auf den Lippen geschleppt wurde. Von wegen! Man hat dabei geflucht wie ein Kümmeltürke, aber leise, denn man wußte ja, der Weg zum Intoneur fing dornig an. Man fuhr als dritte und vierte Hilfskraft mit und war so das kleinste Rädchen im Getriebe.

Der Satz „Lehrjahre sind keine Herrenjahre" wurde akzeptiert, denn eine Ausbildung im Hause Schuke war auch keine Selbstverständlichkeit. Licht- und Schattenseiten gab es überall. Wer die Krone des Orgelbaus, den Status eines Intoneurs, erreichen wollte, der mußte halt durch alle Höhen und Tiefen des Berufes.

Natürlich war einem auch klar, daß eine große Portion Ansehen mit solcher Stellung verbunden war. Vielleicht wurde hier in Potsdam etwas übertrieben.

Intoneure und Stimmer waren nun mal die Lieblingskinder von H.J.S.! Er bevorzugte sie manchmal zu sehr. Dies tat nicht immer gut. Die Kollegen in Büro und Werkstatt machten ihre Arbeit ebenso fleißig und ordentlich.

Nun waren wir also in der St. Petrikirche.

Der erste Eindruck war äußerst traurig. Der Turm war kaputt, und nur ein Seitenschiff konnte benutzt werden. Hier wurde die neue Orgel aufgestellt. Die technische Montage war kurz vor unserer Ankunft beendet worden. Paul Lehmann, Volkmar Pucher (mein späterer Schwager) und ein weiterer Kollege hatten die Arbeiten ausgeführt. Trotz aller Mühe dieser Kollegen hatten wir als nachfolgendes Intonationsteam viel Kummer und Sorgen mit der Technik. Wie zitierte hier *Seine Herrlichkeit* sofort treffend: „Die letzten beißen die Hunde!" Mit anderen Worten: der Intoneur verläßt die Orgel und übergibt sie der Gemeinde, es muß also alles in Ordnung sein!

Wir kämpften mit Durchstechern und Heulern, mit klemmender Mechanik und windschiefen Ventilen. Entsetzlich, diese Orgel war wirklich eine Schwergeburt (eine Ursache vieler Mängel war wohl auch, daß die Windladen noch in der Kriegszeit gefertigt waren und auf „Halde" gelegen hatten).

In St. Petri war seinerzeit Pastor Naht im Amt. Der Name ist mir deshalb im Gedächtnis geblieben, weil er eine liebe und schöne Tochter hatte: Ingrid Naht. Ob das Mädchen gemerkt hat, wie ich sie anhimmelte? Meister Schuke, der für Herzensangelegenheiten das wärmste Verständnis hatte, schickte mich nach tausend Kleinigkeiten ins Pfarrhaus. Er wußte genau, wer dort die Tür öffnete! Ja, wenn Vater Schuke kuppeln konnte, dann war er in seinem Element. Da spielte Zeit keine Rolle. Für Dinge des Liebeslebens war er immer Feuer und Flamme. Wir haben diese seine Leidenschaft mit Spaß und Humor getragen. Böse Zungen waren aber der Meinung, daß er an einer schnellen Heirat seiner jungen Mitarbeiter sehr interessiert war. Die Fluktuation der jungen Orgelbauer in den Fünfziger- und Sechzigerjahren war sehr groß. Wie schon weiter oben gesagt: Potsdam war das ideale Sprungbrett in den Westen! Also, wer erstmal verheiratet war und seinen Anker gesetzt hatte, der blieb im Lande. So hoffte er!

In der Petrikirche war es fürchterlich kalt. Mehrmals am Tage rannten wir den Gang von der Kirchentür bis zum Altar, um wenigstens ab und zu die steifen Glieder zu erwärmen. Zusätzlich spendierte der Chef öfter die Grundlagen für einen ordentlichen heißen Punsch oder Grog (Zubereitung auf dem Leimkocher). Die

---

* Zur Kontrolle des Tones werden Pfeifen mit dem Mund angeblasen. Der Grundton muß beim Anblasen sehr nahe an der höheren Oktave liegen. Ein Zustand, den man üben und erlernen muß.

Beschaffung der Zutaten war meine Aufgabe. Eine sehr angenehme Sache, denn so kam man mal an die frische Luft und war außerdem für eine kleine Zeit der Aufsicht des Chefs entzogen!

Die Arbeit auf der Empore und an der Orgel mit H.J.S. hatte ja ihre besonderen Spielregeln. Er saß am Spieltisch und hörte ab. Klaus Knoth und ich standen in der Orgel auf der C- und Cs-Seite des Gangbrettes (vom Spieltisch aus rechts und links).

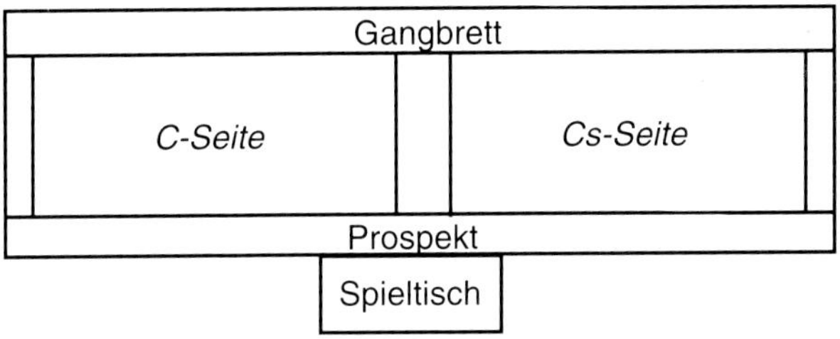

Abb. 13. Arbeitsplatz Orgel

Seine Kommandos erklangen dann mit lauter Stimme: „Leiser, noch ein Häuchlein leiser, den Kern versetzen". Oder umgekehrt: „Lauter, mehr an die Oktave setzen, Ansprache kontrollieren, Pfeife anblasen*." Es gibt eine sehr große Skala von notwendigen Befehlen. Damit versucht man dann, Klangvorstellungen vom Spieltisch aus zu realisieren.

Alle Wünsche kamen mit großer Schnelligkeit. Ein gutes Richtungsgehör ist für solche Arbeiten unbedingte Voraussetzung. Man hörte ja auch die Pfeifen vom Nebenmann in etwa einem Meter Abstand. Er verlangte, entsprechend seiner schnellen Kommandos, auch eine flinke Behandlung der Klangkörper.

Da ich auf der Cs-Seite stand, mußte ich also immer die mir zugedachten Töne aus einem Klangchaos heraushören. Eine nicht leichte Aufgabe. In der gleichen Situation war auch Klaus Knoth auf der C-Seite. Diese Flut von Tönen hatte man über Stunden zu ertragen. Eine Pause war für Geist und Ohr dann eine Wohltat.

War in der Orgel für zwei Personen keine Arbeit, so war auf jeden Fall tüchtige Bewegung auf der Empore richtig. Wollte man sich eine Entspannung gönnen, dann waren Reinigungsarbeiten dazu das beste Mittel! Fegen hatte man ja inzwischen gelernt, und die Säuberung der Empore war deshalb eine leichte Übung. Die Schraubenkiste auskippen, um dann den Inhalt neu zu sortieren, klappte auch bestens zu Erholungszwecken. Fegte man, während er am Spieltisch saß, gab er stumm mit dem Finger Regieanweisungen. Seine konzentrierte Intonationsarbeit war kein Hinderungsgrund, sich um eine saubere Ecke zu kümmern.

Zu St. Petri war es auch, wo er mir dringend das Rauchen anempfahl. Mit Stolz habe ich gequalmt. Im Hinblick auf Pastors Ingrid stärkte dies doch sehr mein männliches Selbstbewußtsein! Ganz besonders, wenn bei der sonntäglichen Einladung im Pfarrhaus dann vor allen Anwesenden sehr kameradschaftlich vom Meister ein Glimmstengel angeboten wurde.

Die „Gesprächsleitung" am Kaffeetisch hatte H.-J. Schuke. Für Menschen, die an ihre Stadt und den Arbeitsort gebunden sind, war so ein Globetrotter ein wunderbares Geschenk. Er war ein guter und spannender Erzähler.

Wer seine Geschichten noch nicht kannte, dem war das Zuhören ein Erlebnis. Von vielen bedeutenden Menschen aus Kunst und Wissenschaft, aus Politik und Kirche konnte er berichten. Ein unerschöpflicher Brunnen mit Nachrichten, Geschichten und Histörchen aus aller Welt!

An der alten Hafenstraße, nach Überschreiten einer Gleisanlage, war in einem Eckgebäude unser Einkaufszentrum. Eine Straße von hier ging direkt den Berg rauf nach St. Petri. In dieser noch relativ gut erhaltenen Straße war auch das Stammquartier vieler Orgelbauer und ist es eventuell sogar noch heute. Ein kirchliches und sehr gastliches Haus hat dort seine einladende Pforte. Damals haben wir da unser Mittagessen eingenommen.

Geschlafen wurde im Maria-Martha-Heim. Dieses Quartier ist wohl leider der sozialistischen Spitzhacke zum Opfer gefallen. Es war ein echtes Stück Alt-Rostock. Schade!

Im Eckhaus Hafenstraße und Straße Richtung St. Petri war und ist wohl auch noch heute ein Textilgeschäft. Viel Freude hatten wir, als sich H.J.S. ein Unterhemd kaufen wollte. Im Winter war eine Einkaufseinrichtung eine gute Wärmequelle für einen durchfrorenen Orgelbauer. Es gab also einen guten Grund, den Chef bei seinem Vorhaben zu begleiten. Mit leisem Lächeln erlebten wir dann die Auswahl. Keine vorhandene Größe paßte zu seiner Figur. Zum Schluß präsentierte die gutmütige Verkäuferin ein kleines Kinderunterhemdchen. Es paßte. Schuke gehörte mit Sicherheit nicht zur Riesengarde des Soldatenkönigs!

Wer kann was für seine Figur und sein Aussehen? Nun, bei einem jungen Menschen ist dafür manchmal der Verstand etwas kürzer: er lächelt vorschnell! Das Thema Körpergröße schien für Vater Schuke vielleicht ein Problemchen zu sein, obwohl er es nie zeigte. Seine Figur war klein, mager und ohne jedes Gramm Fett. Er hatte sehr scharfgeschnittene Züge. Sein Gesicht konnte alle Skalen von Ausdrucksweisen wiedergeben. Bei Übermüdung glich sein Gesicht einem alten Pergament. Dagegen wirkte es bei Wutausbrüchen eiskalt, listig und berechnend. Er durchleuchtete sein Gegenüber abtastend und abschätzend.

Im Normalfall lag eigentlich immer eine gewisse Spannung und Neugier auf seinen Zügen. Diese Spannung war stets bereit, sich auf Vorfälle in seiner Umwelt zu stürzen. Er mußte und wollte an allem

Abb. 14. H. J Schuke (Zeichnung: AZ 1957)

ständig teilhaben. Standen bei irgendwelchen Empfängen oder sonstigen Anlässen zwei Menschen in der Nähe, stellte er sich plötzlich dazu und mischte sich ohne Übergang in die Debatte. Er übernahm sofort die Führung des Themas, und die beiden Gespächspartner hatten Sendepause. Sie waren nur noch Zuhörer!

Aber auch wie unendlich freundlich und gütig konnte sein Gesicht strahlen. Glück und Freude brach aus jeder Falte seines Antlitzes. Seine beste Stimmung konnte man erkennen, wenn alle Fältchen leicht lächelten.

Er hatte ein eigentümliches Lachen an sich. Es war kein Mekkern, kein „ha, ha", sondern ein fröhliches eigenwilliges „Keckern". Daher rührte wohl auch sein Spitzname „Old Keckeritz". Auf jeden Fall waren seine Stimmungen, seine Körpersprache und -haltung für alle interessant und jede Aufmerksamkeit wert. Konnte man doch, so wie bei einem guten Radar, alle Wetterfronten, die sich auftürmten, schon zeitig erkennen! Es störte ihn absolut nicht, ob er jemanden mit seinem Donnern brüskierte. Wenn er brüllte, hatte eben Gott und alle Welt für einige Minuten den Atem anzuhalten. Geruhte er zu lachen, bitte, der Himmel hatte in diesem Fall das beste Wetter einzuschalten.

Er konnte wie eine Primadonna der Mailänder Scala sein. Ich glaube, er hatte alle Marotten eines Künstlers im guten wie im schlechten Sinne. Bei all diesen Eigenschaften, so umstritten sie sein mögen – ohne sie wäre der Mensch Hans-Joachim Schuke nicht er selbst gewesen. Und vielfach schattiert wie sein Wesen sind seine „Kinder", wie er seine Werke, die Orgeln, nannte.

Ach, wie unheimlich konnte er sich für gute Dinge oder gelungene Register begeistern! Es gab Prinzipale, die er als so gelungen empfand, daß er sie noch auf dem Sterbebett hören wollte. Da sein Abschied von dieser Welt so traurig war, hoffe ich, daß es ihm vergönnt war, daß sein inneres Ohr ihm solche Klänge auf dem letzten Weg vorgespielt hat.

Sein oft zitiertes Wort bei Einweihungen (hoffentlich richtig verstanden und wiedergegeben) ist hier vielleicht in letzter Stunde Wirklichkeit geworden:

*MUSICA SACRA PRAELUDIUM VITAE AETERNAE**
Unsere Tage liegen bei Gott, sie sind gezählt, und wenn wir gut gelebt haben, waren sie Mühe und Arbeit.

Die Intonationsarbeiten in Rostock gingen dem Ende zu. Viele fleißige Hände, auch aus der Gemeinde, halfen mit bei der Vollendung des Werkes. In sehr guter Erinnerung ist mir ein Stellmacher und Wagenbauer geblieben. Sein Betrieb lag ganz in der Nähe der Kirche. Dieser Mann hat ausgeholfen mit Maschinen, Rat und Tat. Leider ist mir sein Name entfallen. Er war ein guter Bürger der damals (ach schon nicht mehr so) freien Hansestadt Rostock. Am ersten Adventssonntag war feierliche Orgeleinweihung. Kurz davor war die Orgelabnahme. Herr Kirchenmusikdirektor Dr. Wagner von der St. Marienkirche überprüfte unsere Arbeit. Dieser Akt muß wohl sehr glatt über die Bühne gegangen sein, denn ich kann mich an keine Besonderheiten erinnern.

Nur eine Notiz von der Einweihung ist geblieben. Herrn Pastor tropfte bei dem feierlichen Händeschütteln – wir standen alle unter dem Adventskranz im Altarraum – ganz still und freundlich das Kerzenwachs in seine Halskrause. Er merkte nichts. Bei dieser warmen Tröpfelei dachte ich mit leiser Freude: *„Wie polkt Fru Pastan dat Wachs alwedder ut den Kroagen?“* (Hier muß gesagt werden, daß Pastor Naht eine sorgsam gefaltete Halskrause trug. Diese Kragen werden in allen Hansestädten von der evangelischen Geistlichkeit benutzt. Es sieht ungewohnt aus.)

Die Arbeit war getan, die Orgel hatte ihre Weihe, und H.J.S. zitierte bei anschließendem Umtrunk wieder einen seiner Kernsätze: *„Gott zu loben ist unser Amt!“*

---

*Übersetzung: Die Musica Sacra (heilige Musik) ist das Vorspiel zum ewigen Leben.

Wie oft habe ich diese Worte aus seinem Munde gehört. Seine Frömmigkeit war ein Paradebeispiel der alten Schule von Thron und Altar. Er hatte eine teilweise rührende kindliche Glaubenskraft. Sie kam je nach Stimmung und Gefühl zum Ausdruck. War er „geladen", dann entfesselte er eine Religiosität frei nach Martin Luther. Dagegen konnte er über einige Dinge bei Mutter Kirche nur milde lächeln!

Sein Denken stand hier hoch über mancher konfessionellen Engstirnigkeit. Was sind und waren für ihn Konfessionen? Überwiegend bildeten seine Arbeiten in allen Kirchen den Kontrapunkt zum Altar. Sein Orgelklang lobte weder evangelisch noch katholisch. Wäre er Papst geworden, es gäbe längst eine *Una Sancta*. Vollendet auf sein Kommando! Ich habe kein Recht, über den Glauben eines verehrten Menschen zu urteilen. Hier wird mal an anderer Stelle gerichtet werden. Für mich stand nur eines fest: Schuke war ein gläubiger Mensch! Wir hatten nur öfters Probleme mit manchen seiner Ansichten.

Sein religiöses Vorbild war Friedrich Wilhelm I. von Preußen. Dieser König hatte eine kernige Art der Glaubenserziehung und Rechtsauffassung. Hans-Joachim Schuke schöpfte aus dem großartigen Buch „Der Vater" von Jochen Klepper. Dort wird diese markante Königsfigur spannend und ergreifend geschildert.

H.J.S. hielt sein Tischgebet, ob auf Montage oder in der Gaststätte. Er war hier Vorbild zu einer Handlung, die heute, besonders in der Öffentlichkeit, nicht mehr selbstverständlich ist. Man bedenke, in wie vielen Pfarrhäusern heute immer mehr auf ein Tischgebet verzichtet wird!

Die Schaffung neuer Orgeln war für H.J.S. nicht nur Broterwerb, sondern eine Handlung zum Lobe Gottes. Die ehrenhaften Aufträge für bedeutende Konzerthäuser akzeptierte er auch deshalb sehr gerne, weil er so sein Gotteslob der Masse Mensch untermogeln konnte. Zum Beispiel ging mit den neuen Orgeln in die damalige UdSSR häufig ein großer Stapel Noten (natürlich Kirchenmusik) mit.

Dem Publikum wurde bei Konzerten oder Einweihungen nicht immer der Titel eines Stückes gesagt. Wozu auch? Die Zuhörer empfanden sehr schnell die tiefe Frömmigkeit eines Choralvorspiels von J. S. Bach. Auch so kann Gottes Lob exportiert werden. Daß er – und dies ist sehr verständlich – auch an die Mehrung des Ansehens des Hauses Schuke gedacht hat, kann man ihm weiter nicht verübeln.

Gerade die Zeit mit ihren Ost-West-Gegensätzen wurde für ihn zu einer großen Herausforderung. Sein Bruder Karl Schuke (später sogar Professor) hatte die Leitung der Firma in Potsdam über alle schweren Kriegs- und die ersten Nachkriegsjahre. Die politischen Spannungen zwischen Ost und West brachten es mit sich, daß Bruder Karl Potsdam verließ. Mit einigen Leuten und Orgelteilen aus der Gutenbergstraße gründete er in Westberlin eine neue Firma und blieb dort.

Möglicherweise war Karl Schuke in einigen Dingen der geschicktere, sogar der „größere". Hans-Joachim Schuke, ein durch Krieg und Gefangenschaft, durch mancherlei Unbill in Ehe und Familie sehr geforderter Mensch, hatte aber im Weggang seines Bruders die Chance erkannt. Jetzt konnte er sich aus dem Schatten des ewig Zweiten lösen und zeigen, daß auch er würdig in *Vatans Fußstapfen* steigen konnte. Die Geschichte hat es bewiesen.

Man darf wohl mit Fug und Recht behaupten, daß Hans-Joachim Schuke das bis jetzt beste Stück der Potsdamer Orgelbautradition geschrieben hat. Leider berichtet eine sehr einseitige Geschichtsschreibung immer überwiegend zugunsten von Karl Schuke.

Hans-Joachim Schuke war lange Zeit *der* Orgelbauer in Potsdam und Brandenburg! Andere Firmen holten erst später im Bereich Klang und Technik auf. Anerkennung und Ehrungen wurden ihm zuteil. Er wuchs über sich hinaus. Im Kunstschaffen konnte er sehr gut vor seinem Bruder im Westen bestehen.

In der Kunstaussage gingen beide Brüder ähnliche, aber nicht gleiche Wege. Bedingt durch die Grenze in Deutschland gab es auch im Auftragsgebiet kaum Konkurrenz. Die sogenannten Exportaufträge in den Westen (Bundesrepublik) waren den Kollegen der anderen Währungsseite kaum abträglich.

H.J.S. hat eine hohe Stufe im Kunstschaffen erreicht, aber es ist ihm sehr, sehr schwer geworden. Er lebte und litt mit und für den Orgelbau. Er stand mit den Gedanken an Klang und Mensuren auf, und sein Tagesablauf endete mit irgendwelchen Berufsproblemen. Er nahm sein Amt, Orgelbauer zu sein, sehr ernst. Ich glaube die Worte *„Lobt Gott mit Harfen und Cymbeln"* waren ihm aus der Seele gesprochen. Auch wenn er sehr gerne bei einer schönen Pfuscherei sein Lieblingsgeschimpfe ertönen ließ: Verdammter Scheißdreck!

Potsdam ist in der Nachkriegszeit für viele junge Kollegen das Sprungbrett in die westliche Welt geworden. Alle „Nestflüchter" haben aber eine große Gemeinsamkeit: sie denken gerne an ihre Zeit in der Gutenbergstraße zu Potsdam zurück. Aus dem Hause Schuke sind viele gute Orgelbauer und Intoneure hervorgegangen. Zwangsläufig stellt sich die Frage: Waren es direkte Schüler von Hans-Joachim Schuke?

In Potsdam wurde gelernt, eine Prüfung als Geselle abgelegt, das Klangbild aufgenommen und an den Instrumenten realisiert. Trotzdem bleibt die Frage: Wer war der eigentliche Lehrer? H.J.S. war es im wörtlichen Sinne nicht. Das Grundwissen bekamen die

Lehrlinge vom Werkmeister und älteren Kollegen. Dem Chef blieb die Feinarbeit aus dem Hintergrund.

Ich glaube, der *spiritus rector* Schuke hatte in der Wahl seiner Mitarbeiter das große Los gezogen. Ausbilder, die seinen Geist vermittelten, waren die Kollegen Helmut Pankow, Paul Lehmann, Paul Werner, Max Stephan usw. Diese Orgelbauer hatten das Anliegen und das künstlerische Ziel des Chefs verstanden, verarbeitet, realisiert und an die nächste Generation weitergegeben.

H.J.S. selbst hatte vielleicht keine so guten pädagogischen Fähigkeiten. Wenn es darum ging, fachliche Probleme vorzuexerzieren, war er wie jener berühmte Schwimmlehrer, der seinen Schüler mit den Worten: „Nun schwimm mal schön" ins Wasser warf!

Denke ich an meinen Werdegang zum Intoneur, so empfinde ich diesen Aufstieg noch heute als kleines Abenteuer. Nach mehreren Reisen als zweiter und dritter Mann, mit Klaus Knoth, mit Georg Jann, auch mit „ihm", kam dann plötzlich der Moment, wo ich ins kalte Wasser geworfen wurde. Die Ursache dieser plötzlichen Überraschung war die „Republikflucht" einiger Kollegen.

Ich betone das Wort Überraschung! Mitwisser bei der Flucht von Klaus Knoth, Wolfgang Theer und Georg Jann durfte es nicht geben. An der Betriebsspitze entstand ein gefährliches Loch! So jung Wolfgang Theer und Georg Jann noch waren, sie gehörten doch schon zu den tragenden Säulen der wirtschaftlichen und klanglichen Führung des Hauses.

Aus dieser Situation ergaben sich nun beste Aufstiegschancen für nachrückende Orgelbauer. So kam dann auch bald das Kommando: „Alex, Sie fahren nach Jena und zeigen mal, was sie gelernt haben!"

Jetzt wurde es ernst!

Intoneur

Alle bisherige Intonationsarbeit stand unter der Kontrolle vom Chef, von Jann oder Knoth. Eine eigene Klangauffassung gab es bei mir noch nicht. Das „Freischwimmerzeugnis" fehlte. Der Chef hatte zwar oft kritisiert, aber nie seine Wünsche praktisch vorgeführt. Aus diesem Grund war die erste Zeit in der neuen Stellung als Intoneur sehr schwierig.

Was er und das Haus Schuke klanglich haben wollten, das war fest in Herz, Schädel und Verstand eingehämmert. Doch manche praktische Ausführung, übernommen von Jann, Knoth oder auch Wolfgang Theer, stand im Widerspruch zu seinen theoretischen Vorstellungen. Ja, hier empfand ich eine echte Schwachstelle. Es wäre eine gute Arbeitserleichterung gewesen, wenn er seine Wünsche mal eigenhändig gezeigt hätte. Dieses „Nichtvormachen" ergab ein ständiges Suchen nach dem richtigen Weg.

Zwischen seiner Theorie und einer praktikablen Ausführbarkeit waren oft große Hürden (zum Beispiel die Intonation eines engen Prinzipal 16' ohne Intonierhilfen!) – eine Tatsache mit positiver und negativer Seite: man verlor Zeit, wurde aber zu hoher Kreativität motiviert!

Hans-Joachim Schuke war überwiegend ein Mann der Theorie. Er hatte einen eisernen Willen, die Rechte und Vorteile eines Chefs in Anspruch zu nehmen, einen sturen Kopf und Durchsetzungsvermögen! Damit mußte man leben und seinen Weg finden. In der Folgezeit fand man dann auch die richtige Art für ein gutes Miteinander, was aber Höhen und Tiefen im Ringen um die Kunst nicht ausschloß.

Zur Intonation kam er, sobald die ersten und wichtigsten Register fertig waren. War er schlecht gelaunt, dann sprang er aus dem Auto und setzte sich gleich auf die Orgelbank. Diese Art der Überprüfung war eine Strafe. Noch hatte er das Autogedröhn im Kopf und war so nicht in der Lage, den Klang realistisch zu beurteilen. Hier entstanden leider Fehlurteile!

Später wurden Ablenkungsmanöver erfunden. Wenn er hektisch aus dem Auto kam, dann standen Tee oder Kaffee zum Empfang bereit. Ganz dringende Fragen mußten erst geklärt werden, kurz und gut, er wurde in brauchbare Ruhestellung gebracht! Jetzt war vernünftiges Arbeiten möglich.

Beruhigt rannte er (er ging nie langsam!) von der Empore ins Kirchenschiff und brüllte nach oben: „Na Alex, dann fahren Sie mal ab!" Diese Redewendung war das Startzeichen für eine nach ganz bestimmten Regeln verlaufende Register- und Klangvorführung!

Es wurde immer mit dem werkbeherrschenden Prinzipal begonnen (zum Beispiel HW Prinzipal 8', oder Oktave 4', usw.– je nach Orgel). Man spielte das Register in allen Lagen und versuchte, alle Klangmöglichkeiten in Baß und Diskant zu zeigen.

Anschließend, entsprechend der Fertigstellung, baute man ein *organo pleno* auf, einen Gesamtklang, der überwiegend von der Prinzipalbasis getragen wird. Hier wollte er Gravität, Glanz und Größe der Orgel wahrnehmen.

Danach wurde der Flötenchor präsentiert. Die Grundstimmen machten den Anfang: Gedackt 8', Rohrflöte 8' oder andere Flöten und Streicher in der Äquallage. Grundtönigkeit und Aussagekraft sollten hier gut zum Ausdruck kommen. Bei einigen Gedackten oder ähnlichen Stimmen sprach er immer: „Sie müssen gar lieblich sein!". Eine Forderung, die leider m. E. auch heute noch nicht so ganz in seinem Sinne verwirklicht wird.

Der weitere Weg der Vorführung waren Registermischungen. Es wurden zum Beispiel die Register der Acht- und Zweifußlage oder

der Acht- und Einfußlage gemischt. Ebenso Gedackt und Cymbel; Gedackt und Quinte; Terz, Cymbel und Gedackt; usw. Die Aliquoten wurden in möglichen und unmöglichen Verbindungen eingebracht. Es mußte der Beweis geführt werden, daß mit der Intonation dieser Register ein Höchstmaß an Farb- und Mischungsqualität geschaffen war.

Jetzt wurden die Prinzipale gleicher Fußlage der verschiedenen Werke (I. Manual, II. Manual, III. Manual; oder zum Beispiel Hauptwerk, Oberwerk, Rückpositiv) miteinander verglichen. Der spezielle Charakter des weiten Hauptwerkprinzipal sollte sich gut vom engeren Oberwerksprinzipal abheben.

Genug davon. Man kann die Klänge einer Orgel nicht mit Worten vorstellen! Die Möglichkeiten zu verschiedenen Mischungen sind unendlich.

Die „Schuke-Abnahme“ verlangte gutes Wissen. Der Intoneur sollte Grundkenntnisse über Klangaufbau, Orgelliteratur und Spieltechniken verfügen.

Auch eine Registervorführung geht mal vorbei. Nun mußte es sich zeigen, ob man sich und die geleistete Arbeit gut präsentiert hatte. Eine gute Vorführung war oft schon ein kleiner Sieg. Doch jetzt kam erst die Auswertung!

Es blieben wenige Minuten der Entspannung. Da H.J.S, abgesehen von der Zeit seiner letzten Lebensjahre, immer zwei Stufen auf einmal nahm, war er sehr schnell wieder auf der Empore. Jetzt kam die große Entscheidung. Fand die Arbeit Gnade, war alles nach seinen Vorstellungen geraten?

Er erschien. Ein Griff in die Tasche, Zigaretten, Feuerzeug und Filterspitze traten in Aktion. Erste hastige Züge, dann wurde die richtige Brille aufgesetzt, und nun ging es los. Bei der Auswertung gab es Varianten. Entweder er kam sofort zur Sache und sagte: „Großartig, das habt Ihr prima gemacht, meine Herren", oder „Mensch Alex, den Prinzipal möchte ich noch auf dem Sterbebett hören!"

Doch eine andere Variante ließ Unangenehmes erahnen. Da verlangte er gleich beim Raufkommen auf die Empore das Mensurblatt. Mit seinen kurzsichtigen Augen studierte er die theoretischen Klänge gewissenhaft. Er verglich die aufgeführten Pfeifenmaße mit dem gehörten Klangergebnis.

Man sah seinen sich immer mehr versteinernden Gesichtszügen an, daß die Theorie nicht mit den Ergebnissen der Praxis übereinstimmte! Nun wollte er, wenn die klangliche Fehlleistung nicht zu gravierend war, uns dies schonend beibringen. Seine Kritik begann dann meistens so:

„Ja meine Herren, das haben Sie wieder wunderbar gemacht. Aber einige kleine Lullerken müssen wir ändern!" *(Lullerken* war ein Spezialausdruck für kleine Fehler). „Gedackt 8' und Rohrflöte 4' liegen nicht in einem Bett, es findet keine klangliche Verschmelzung statt. Die Sesquialtera sollten wir noch ein winziges Häuchlein nachschneiden! Meine Herren, Sie werden staunen, wie dann der Klang wächst!"

In solcher Tonart versuchte er, uns seine Wünsche zu übermitteln. „Kleine Lullerken" waren aber oft gleichbedeutend mit gravierenden Änderungen. Ist zum Beispiel das Grundregister zu leise intoniert worden, kann es zur Kettenreaktion kommen. Die Nachbarregister, die über der zu leisen Basis stehen, sind dann meistens auch in falscher Lautstärke bearbeitet worden!

Jetzt trat das ein, was ich weiter oben angedeutet habe. Wenn er uns nun wenigstens gezeigt hätte, wie und auf welche Weise geändert werden sollte; wie groß sollte denn das „Häuchlein" Aufschnitt am Labium sein?

Warum nahm er jetzt nicht ein Werkzeug und zeigte uns den richtigen Weg?

Warum intonierte er keine Probepfeife als Richtlinie? Es war manchmal zum … ! Er stellte die Kritik in den Raum und sagte noch, falls er gut aufgelegt war: „Machen Sie's gut, meine Herren, dies wird eine gute Orgel. Die paar Lullerken werden Sie schnell beseitigt haben. Also dann, bis zur Abnahme!" Nach diesen Worten setzte er sich in sein Auto und verschwand!

So, oder so ähnlich haben sich viele Visiten abgespielt. Man mußte sehr, sehr schnell im eiskalten Wasser schwimmen lernen! Er blieb immer ein Phänomen. Er hatte die genaue Klangkomposition im Kopf. Doch wie schon angedeutet: es fehlte immer ein Vormachen. Es kamen theoretische Vorschläge, aber es kam nie der Moment, wo er eine Pfeife nach eigenem Gutdünken nachschnitt, nachintonierte und sie als Vorbild für die weitere Arbeit auf die Lade stellte.

Hierzu fällt mir ein gemeinsames Arbeiten im Dorf Prützke, ebenfalls bei Brandenburg, ein. Er, Klaus Knoth und ich intonierten dort ein kleines Örgelchen. H.J.S. war der Intonationsleiter, also oblag ihm auch die Festlegung der Klangrichtung und die Erstellung von Probetönen. Das sind Arbeitsgänge, die eine genaue Entscheidung zur Aufschnittshöhe, Lautstärke, zum Toncharakter und zur Tonhöhe verlangen.

Die Praxis zeigte dann aber eine andere Arbeitsweise. Etwa in folgender Art: „Na Klaus, welchen Aufschnitt wollen wir festlegen?" Oder auch: „Was meinen Sie, Klaus, lassen wir die Töne so stehen, oder sollten wir sie lauter machen?" Dieses Fragespiel habe ich nie so ganz begriffen. Die Antworten lagen doch fest in seinem Gehirn und seiner Vorstellung! Wollte er Widerspruch? Man hatte immer das Gefühl, er ließe lieber andere an der Basis bauen.

Wurde eine Struktur sichtbar, dann kam seine Stunde. Ich glaube, er war wie ein Koch, dem die Handlung des Kochens nicht liegt, der aber mit sehr feinfühligem Nerv abschmecken konnte.

Lieber Alex!

Ihre Intonation der Orgel bewegt mich sehr. Ich habe mir viel Gedanken gemacht. Es ist so schwer, das in Worten auszudrücken und schriftlich zu machen, da die Gefahr besteht, dass jeder Satz wortwörtlich genommen wird. Man kann ja in musikalischen Dingen mit der Armut der Sprache immer nur andeuten. Was man fühlt und empfindet, lässt sich in Worten nicht ausdrücken. Trotzdem will ich es versuchen und bitte Sie noch einmal, das nicht alles wortwörtlich zu nehmen.

Die Grundtendenz des Principal 8 ist richtig, doch nach oben hin fehlt Steigerung und Principalcharakter. Das Gleiche trifft auf Oktave 4 und Oktave 2 zu. Der Diskant versinkt im Flötenhaften und braucht mehr Principalintensität. Das dann die Vermischung (Ehe) leiden könnte, kann durch entsprechenden Aufschnitt in gewissem Grade behoben werden. besonders der Diskant steht zu dicht an der Oktave. Wenn Sie die Pfeifen lauter machen, ohne den Aufschnitt zu kontrollieren, werden Sie sie nicht von der Oktave weiter wegbekommen. Darum ist bei dieser Akustik die Aufschnitthöhe von ganz besonderer Wichtigkeit. Die Principalmensuren und Labierungen sind so, dass es auch bei dieser Akustik hinzubekommen ist. Also mehr Pfeffer in Zwirnerscher Gewohnheit, aber nicht zu spuckend.

Abb. 15. Anweisung zur Verbesserung der Intonation
(Das Instrument ist später durch die Wahnsinnstat eines Orgelbauers verbrannt.)
„… also mehr Pfeffer in Zwirnerscher Gewohnheit, aber nicht zu spuckend."

Im Laufe der weiteren Intonation erkannte man, welche Richtung er gehen wollte und richtete sich darauf ein. Es war klug, sich von Orgel zu Orgel auf sein Wesen und seine Gefühlswelt einzustellen. Es schaffte Arbeitserleichterung und gegenseitige Zufriedenheit.

So war die „Schule Potsdam“ im Klangbereich. Aus seiner farbigen Wortauswahl, aus einer Summe unendlich pingeliger kleiner Wünsche und theoretischer Erörterungen hatte man zu lernen. Das Abschlußzeugnis *summa cum laude* lautete dann: „Diesen Prinzipal möchte ich noch auf dem Sterbebett hören!“

Hier soll nicht gedacht werden, daß man immer mit seinen Intentionen einverstanden war. Nein, dies war nicht der Fall. Doch hier mußte sein Wort gelten: „Mein Name steht an der Orgel!“ *(quod erat demonstrandum).*

Trotz markiger Worte, Hans-Joachim Schuke blieb ein Suchender. Für alle Dinge des Lebens hatte er ja ein Sprüchlein. Bei direkten Anfragen: „Na, wie soll es denn nun klingen?“ kamen sofort Antworten wie: „Kunst läßt sich nicht befehlen“ oder „Worte sind zu arm“. Natürlich ist es sehr schwer, wenn man geschmackliche Dinge beschreiben soll, doch wir jungen Leute – und hier wiederhole ich mich – hungerten nach vernünftigen Richtlinien.

Wer H.J.S. als Lehrer begreifen wollte, der mußte seine Persönlichkeit, Ausstrahlung, Marotten und seine oft darin versteckte Menschlichkeit in sich aufnehmen. Er forderte, ohne zu lehren, kritisierte, ohne Beispiele zu geben, aber er wußte auch die Begabung seiner Mitarbeiter zu wecken. Er tat dies mit seiner ungeheuren Vitalität und Ausdrucksweise. Er puffte und knuffte die jungen Kollegen so lange, bis sie in seinem Geiste Orgeln bauten, aufstellten und zum Erklingen brachten.

Die Herstellung eines guten und gesunden Orgelklanges bedarf der Zeit und einer zum Klingen gebrachten Seele! Intonation wird von sehr sensiblen Menschen ausgeführt. Hans-Joachim Schuke sprach diese Empfindlichkeit an.

Auch hier muß ich nochmals wiederholen. Wenn alles stimmte und die Arbeit gut wurde, dann war er Kumpel, der in bester Laune von Liebe und Leidenschaften erzählen konnte. Er brachte uns bei, wie man in großen „Notlagen“ auf den Kirchenboden zu pinkeln hatte, ohne daß es unten durchtropfte. Oder es gab bei Bedarf guten und nicht so guten Rat für den Umgang mit Mädchen! Er zeigte, wie man sein ständiges Dasein in der kalten und ungeheizten Kirche erträglicher machen konnte.

Mit ihm wurde mancher Kirchturm erstiegen, und wenn er die Lokalität schon von früheren Reisen kannte, machte er immer auf Kunst und Sehenswürdigkeiten aufmerksam. Durch seinen Umgang mit aller Welt hatte er ein bedeutendes Kunstwissen aufgenommen und gab es in gekonnten Improvisationen an uns weiter. Diese „Vorlesungen“ waren für junge Menschen eine prächtige unterschwellige Kunsterziehung. Schuke, im richtigen Moment angezapft, war ein Quell in vielen Wissensfragen.

Trotz (oder gerade wegen?) seiner Bildung vermißte ich manchmal bei ihm das nötige Selbstvertrauen. Dieser Umstand konnte sich negativ bei wichtigen Entscheidungen auswirken und hemmte manchen ökonomischen Ablauf des Betriebes (ich erlebte drei Wochen reine Intonationszeit für nur 10 Register – Chef, Knoth, ich!) mit entsprechenden Auswirkungen auf die Finanzlage. Ständige Überziehung der geplanten Montagezeiten verbrauchten den erhofften Reingewinn. Zum Beispiel drehte er in einer Berliner Kirche mehrmals den Prinzipal 8' um mit dem Ergebnis: „Scheißdreck, der Raum gibt nichts her, wir hätten die erste Version lassen sollen!“.

Sehr schade. Oft war dann das Register durch die vielen Manipulationen an Kern und Aufschnitt geschädigt.

Entscheidungen und Standpunkte waren für Hans-Joachim Schuke eine schwere Belastung. Bei einer Orgelintonation äußerte der Organist bei einem Register seine Unzufriedenheit. Da aber der Raum mit seiner schlechten Akustik keine bessere Lösung erlaubte, lehnte Schuke eine Änderung ab. Dies entsprach auch unserer Meinung. Zum Kollegen Tilo Catenhusen sagte er in einer Pause aufgeregt: „ … und wenn der Organist sagt, die Orgel ist Scheiße, dann sage ich ihm, ‚Sie sind ein Scheißkerl‘!“ Nichts gegen den kernigen Spruch, der ja unsere Arbeit absegnete. Doch als es zur Abnahme kam, änderte er seine Ansicht, und die Folge waren „kleine Lullerken“ und Nacharbeit.

Manchmal wollte er auch jeden Kunststreit mit dem Kunden vermeiden. In Gegenwart des Organisten wurden wir dann zusammengedonnert. Laut und deutlich sagte er: „Bitte Alex, dies ändern wir noch!“ Der Orgelkünstler war glücklich, hörte aber zum Glück nicht mehr, wie dann „Hansi“ milde und entspannt sagte: „Seht Euch das mal bei der ersten Durchsicht und Stimmung an“. Damit war der Fall vergessen!

Er war ein Taktiker, der immer zur rechten Zeit einen guten Spruch draufhatte. Fühlte er sich angegriffen, kam bestimmt irgendwann sein kerniges: „Viel Feind – viel Ehr!“ Pfiff er uns in Gegenwart des Kunden an, dann war dies Absicht. Der Käufer bekam so das Gefühl, daß erst der Chef eingreifen muß, damit alles richtig gelingt. H.J.S., mal daraufhin angesprochen, meinte nur: „Ihr müßt nicht alles auf die Goldwaage legen!“

Nun, diese Methode gefiel uns nicht so gut. Wir als ausführende Orgelbauer wurden auf solche Art doch sehr beschämt. Andererseits sei aber hier gesagt, daß Hans-Joachim Schuke immer auf das gute Ansehen und die beste Reputation seiner Monteure bedacht war. Die oben erwähnten Vorkommnisse blieben zum Glück Seltenheit, sie sind hier nur zur Vervollständigung des Bildes aufgeführt.

Große Familie

Viele Leute sind im Hause Schuke tätig gewesen. Einige sind durch ihre Originalität und liebenswürdige Menschlichkeit, andere durch großes Können Geschichte geworden.

Echte „Typen" waren zum Beispiel Rudolf Neumann, Kurt Schütze, Max Stephan, Bruno Vogel. Rudolf Neumann wurde immer gehänselt (sein Name wurde nach Oberlausitzer Art geschnurrt). Spezialist war Gerald Reitzig, der ihn immer sehr gerne als „Bihmscher Lackl" bezeichnete. Rudolf Neumann stammte aus einem Grenzort in der Lausitz. Vom deutschen Grenzpfahl konnte er sein Zuhause auf der jetzigen CSR-Seite sehen. Als echter Böhme aß er natürlich leidenschaftlich gerne Knödel. Sein kleiner Tick: alles, was nicht niet- und nagelfest war, zerschnitt er zu Brennholz.

Unter seiner Hobelbank war immer ein großer Vorrat an sogenannten Ofenstützen, der täglich mit auf die Heimfahrt ging. Rudolf Neumann gehörte zur Mittagspausen-Skatrunde. Paul Werner, Paul Lehmann und Karl-Heinz Endert waren seine meisterlichen Mitspieler.

Kurt Schütze war ein sogenannter Haus- und Hofarbeiter. Er wusch, wenn es sein mußte auch ein Auto mit Scheuersand.

Max Stephan aber war *das* betriebliche Original. Er war in seiner Jugendzeit ein guter Fachmann auf allen Gebieten. In den ausklingenden Lebenstagen baute er nun exquisite Pfeifen: Mixturen, Cymbeln und anderes „Kleinzeug". Stephan war eine Art Hans Sachs! Allein seine Erscheinung war unverwechselbar, und er war ein Mensch voller Weisheit, Witz und Humor. Eine „Eule" im Orgelbau! Übrigens futterte er mit Leidenschaft gern Jagdwurst. Der Grund: man sieht wenigstens was verarbeitet worden ist (an diese Theorie glaubte er fest).

Abb. 16. Skatrunde in der Holzwerkstatt (1956)
Neumann, Endert, Lehmann, Werner, Schmidt, Knoth

Der relativ kurze Hinweis auf diese Kollegen sei mir verziehen. Es gäbe eine ganze Abhandlung für sich, wenn ich über alle Mitarbeiter und ihre lieben Menschlichkeiten berichten wollte. Ich erwähne sie bewußt nur am Rand, weil ich auf die Persönlichkeiten eingehen möchte, die im unmittelbaren Umfeld von H.J.S. tätig waren.

Aus der großen Zahl der tüchtigen Mitarbeiter, die zur „Rechten Hand" gehörten, sei als erster Wolfgang Theer genannt.

Als ich in die Firma eintrat, war er als Prokurist, wie ich es bezeichnen möchte, tätig. Theer war Orgelbauer von der Pike auf. Sein Vater wirkte als Pfarrer in Osternienburg bei Dessau.

Wolfgang Theer war ein humorvoller Kollege, ein guter Fachmann und ein „Hans Dampf" in allen Bereichen. Er konnte auch mal alle Fünfe gerade sein lassen!

Morgens war er selten der erste, und es gab wohl kaum ein Donnerwetter, das ihn aus der Ruhe brachte. Ein idealer Prokurist.

Mit Theer erlebte ich eine Wettfahrt zwischen Taxe und Schnellzug. Ein noch echter Dampfzug auf damaligen Gleisen!

Unser Reiseziel war der Magdeburger Dom. Wer nicht pünktlich am Bahnhof war? Natürlich mein verehrter Vorgesetzter W. T. Mit den Fahrkarten in der Hand sah ich unseren Zug (der einzige am Vormittag) abdampfen.

Da kam Wolfgang Theer angekeucht und rief schon von weitem: „Taxe!" Es klappte mit einem Fahrzeug. Der Fahrer wurde angespornt, den Zug wenigstens in Werder einzuholen.

Wer die Strecke kennt, weiß auch, daß viele Schranken die Landstraße kreuzen. Kurz und knapp, unser Taxi schaffte es gerade

Abb. 17. W. Theer (rechts), A. Zwirner (ca. 1957)
(auf der Turmspitze des Magdeburger Domes)

Abb. 18. Der Dom zu Magdeburg

bis zum letzten Hindernis. Von dieser Stelle sahen wir die Einfahrt des Zuges in den Bahnhof. – Auch seine Abfahrt! Sehr ärgerlich legte Theer jetzt alle Hemmungen ab. „Und wenn wir bis Magdeburg hinterherfahren müssen!"

In Brandenburg hatten wir den Zug eingeholt. Für das Einsteigen blieben uns 10 Sekunden! Zum Glück konnte Theer die Taxikosten später irgendwie unterbringen.

Viele schöne Arbeiten habe ich mit ihm gemacht. Da er ein guter Praktikus war, habe ich auch eine Menge von ihm gelernt.

Eine Fahrt, die noch im alten Hanomag stattfand, ist mir sehr in Erinnerung geblieben. Auf der Strecke nach Dessau hatten wir ganz dicken Nebel. Ich saß außen auf dem Kotflügel und zeigte mit dem Daumen die Fahrtrichtung (unvorstellbar bei heutigem Verkehr!). Auf dieser Reise besuchten wir seinen Vater. „Jetzt machen wir mal

Abb. 19
Wolfgang Theer an der Orgol im Remter im Dom zu Magdeburg

'ne Bremsprobe!" Mit vollem Rohr fuhr er auf das Kirchenportal zu. Das Auto stand! Es paßte aber keine Hand mehr zwischen Kotflügel und Türklinke! Osternienburg blieb die Neuanschaffung einer Kirchentür erspart.

Mit Theer war ich in Bismarck, Köthen, Dessau, Dahme, Magdeburg usw. Bei allen Reisen wurde natürlich erzählt und auch über den „Alten" geplaudert.

Selbstverständlich wußte W.T. genau, was er weitergeben konnte und durfte. Theer war gut! Daß es der Firma nicht schlecht ging, war größtenteils ihm zu verdanken. Seine ruhige Art verhalf dem Chef zu mancher guten Entscheidung. Zur Familie Schuke wuchs im Laufe der Jahre eine freundschaftliche Verbindung. Um so größer war dann die Enttäuschung, als W.T. dann, sozusagen bei Nacht und Nebel, gen Westen verschwand.

Durch Theer erfuhr ich so manche Schuke-Histörchen, die ich dann später vom Meister zum wiederholten Male oft und reichlich hörte.

Wolfgang Theer landete bei Bruder Karl Schuke in West-Berlin. Dort wurde er wieder Prokurist. Nach dem Ableben von Prof. Karl Schuke übernahm er leitend das Sagen in der G.m.b.H. bis zu seinem Ruhestand.

Eine ähnlich wichtige Position hatte seinerzeit auch Georg Jann. Er vertrat als meisterlicher Intoneur den Klangstil des Hauses Schuke in Potsdam.

Jann war damals noch ein junger Spund Mitte zwanzig, ein Orgelbauer voller Erfindungsgeist und hochbegabt im Beruf. Sein Vater, ein Vollblutmusiker und Organist in Klein-Machnow bei Berlin, vererbte allen seinen Kindern die Liebe zur Musik.

Georg Jann verdankte es seinem großen Können, daß er selbst dem Chef Widerspruch leisten konnte. Seine überwiegend selbst erarbeiteten Intonationspraktiken waren enorm. Ihm konnte keiner, da niemand mit seinen Leistungen mithalten konnte, und außerdem hatte er das Intonationsmonopol in der Firma!

Wenn ich heute an Georg Jann denke, dann sehe ich den Georg von *damals* vor mir. Eigentlich ist es Unfug. Ich weiß doch, wie sich die Welt, das Weltgeschehen, wie sehr wir uns im Inneren und Äußeren gewandelt haben. Die Zeit und die Jahre haben an uns genagt und gearbeitet.

Georg war damals ein Bündel an Energie. Er sprühte nur so vor guten Einfällen. Für jede „ordentliche Dummheit" war er zu haben. Jann war ein kollegialer Vorgesetzter, aber sehr empfindlich gegen Widerspruch. Bei ihm saß jeder Griff, er war zu hundert Prozent von seinem Tun überzeugt. Eine andere Meinung war gegen seine Auffassung schwer durchzusetzen. Er war ein Mann mit großem

Abb. 20.
Georg Jann
1956 als Essenholer in Berlin-Friedrichsfelde, alte Dorfkirche

Mut zum Experiment und für jede geistvolle Neuerung aufgeschlossen. Wie alle Intoneure: sehr sensibel und allen schönen Künsten und der holden Weiblichkeit sehr zugetan!

Interessant war es und nicht immer begreifbar: Kam jemand mit eleganter Redeweise und pompösen Argumenten, dann konnte er schnell beste Überzeugungen aufgeben, für die er noch kurz vorher wie ein Löwe gekämpft hatte! Zum Beispiel: Stichwort Pastor Rößler (Amateur-Mensurenhersteller)! Der sensible Georg unterlag sehr schnell den Einflüssen dieses Mannes.

Pastor Rößler hatte seinerzeit Mitspracherecht bei der Herstellung der Mensuren für eine Orgel in Dresden-Trachau. Hans-Joachim Schuke wehrte sich dagegen, weil hier Schuke-Tradition

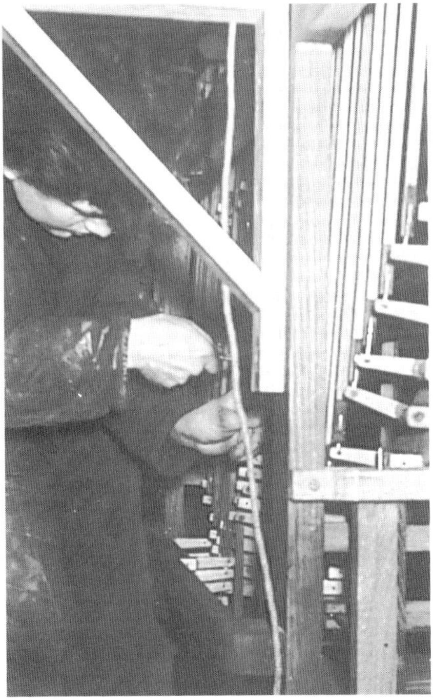

Abb. 21.
G. Jann
in der Dorfkirche
Börnicke
bei Nauen

verletzt wurde. Jann aber, von der Rößler-Methode überzeugt und sie im Augenblick als *non plus ultra* anerkennend, war zu jedem Streit mit Schuke bereit.

Hier gab es erstmals tüchtige Differenzen. Schuke, der den Klang einer Brandenburger Domorgel als das wahre „Schwarzbrot" und Vorbild der Potsdamer Orgelbauanstalt sah, war entsetzt über die Abtrünnigkeit seines Starintoneurs. Nach aller Streiterei haben sich dann die Wogen wieder geglättet. Gute und brauchbare Kompromisse schafften schließlich ein verträgliches Klima zwischen Jann und Schuke.

Später, als Jann nicht mehr im Lande war, achtete Hans-Joachim Schuke sehr streng darauf, daß sich kein neuer „Rößler-Virus" einnisten konnte. Es war ihm auch nicht lieb, daß sich die nächste Generation seiner Intoneure mit Jann im „Kapitalistischen Ausland" traf. Schuke wußte genau, daß der Einfluß des ehemaligen Chefintoneurs auf seine Nachfolger in Potsdam sehr groß war.

Die Zeit rennt, jeder Mensch wird ruhiger, auch Georg Jann. Er hatte aufopferungsvolle Wanderjahre in Westdeutschland auf sich genommen. Der Meistertitel wurde erworben und einige Jahre später ein hochmoderner Betrieb gegründet. Seine Firma hat Weltruf erlangt und baut einmalig schöne Orgeln. Leider, so mein subjektives Empfinden, hat er das „kernige Schwarzbrot" aus seiner klanglichen Ideenwelt verstoßen. Hier mag aber die Ansiedlung in Süddeutschland und das dortige musikalische Empfinden eine Rolle spielen. Georg lebt inzwischen, seit der Übergabe des Familienunternehmens an seinen Sohn, in Portugal.

Aus künstlerischer Sicht profilierte sich die Potsdamer Orgelbauanstalt sehr stark in den Jahren 1955 bis 1970. Ein gutes Potential hochmotivierter Mitarbeiter schaffte dafür die Voraussetzung. Hier möchte ich deshalb an einige ganz markante Persönlichkeiten aus dieser Zeit erinnern.

Eine humorvolle „Perle" war der Zeichner und Konstrukteur Hermann Kluwe. Viele Entwürfe und Konstruktionen sind auf seinem Zeichenbrett entstanden. Konstrukteure, die noch heute in Potsdam tätig sind, haben ihr Grundwissen bei ihm erlernt.

Abb. 22. Orgeleinweihung
Schmidt, Nehm, Zwirner

Weitere Namen aus dieser Zeit: Rainer Nass, Heinrich Wallbrecht, Tilo Catenhusen, Helmut Pankow, Paul Lehmann, Paul Werner, Gernot Schmidt, Max Stephan, Friedrich-Wilhelm Stendel, Karl-Friedrich Schaper, Paul-Gerhard Böse, Eckehard Ast, Martin Seidel, Otmar Schimmelpfennig, die Gebrüder Otto, Rudolf Nehm, Rudolf Neumann, Bruno Vogel usw. (die begrenzte Aufzählung bitte ich zu verzeihen).

Viele dieser Kollegen waren und sind auch noch heute mit viel Idealismus bei der Sache.

Zu DDR-Zeiten konnte man im Orgelbau keine Reichtümer erwerben. Trotzdem schaffte es Schuke immer, alle Kollegen trotz größter Schwierigkeiten bei der Stange zu halten. Er hatte Glück und eine gute Hand bei der Auswahl seiner Mitarbeiter. Zusätzlich halfen ihm auch die zeitlichen Umstände.

Kinder von religiösen Eltern, Pastoren und Organisten flüchteten gerne in einen christlichen Betrieb. So konnte man den Ärgernissen und „Rotlichtbestrahlungen" eines staatlichen Betriebes entgehen. Wer in Potsdam Orgelbauer werden wollte, mußte gelernter Tischler sein oder zumindest (wie ich) ein Tischlervolontariat ableisten. Durch solche Aufnahmebedingungen bekam Schuke reifere und nicht nur verspielte Lehrlinge und Umschüler.

Er prüfte aber auch recht gründlich, ob nicht *nur* Schutz vor Staatsbetrieben gesucht wurde. Es mußte auch echter Wille zum Orgelbauerberuf erkennbar sein. Auf jeden Fall, er sammelte überwiegend ausgesuchte Menschen um sich. Dadurch ist, abgesehen von kleinen menschlichen Schwächen, (wo gibt's die nicht?) das Miteinander unter den Orgelbauern immer eine schöne, gute und herzerfrischende Angelegenheit gewesen.

Weil andere Firmen eine ähnliche Personalpolitik betrieben, war man auch bei Kollegen von Sauer, Jehmlich, Eule, Schuster usw. immer unter gleichdenkenden Mitmenschen. In diesem Fall stimmte das Wort: *Große Familie* (ein Lieblingsausdruck des Chefs).

Potsdamer Geist

Hans-Joachim Schuke, ein „oller Preuße“ durch und durch, war aus politischer Sicht betrachtet ein Schelm. Die sehr schnell wechselnden Zeiten zwangen ihn, oft um die Existenz für sich und die Mitarbeiter zu erhalten, zu Kompromissen bei Behörden und Staat. Hier gab es nicht immer elegante Lösungen!

Doch nur wer in diesen Zeiten gelebt hat, kann nachempfinden, wie schwer es war, sich zwischen den künstlerischen Vorstellungen von Göbbels, Walter Ulbricht und Erich Honecker durchzuwinden!

Bei all diesen Potentaten war Orgelbau mehr oder weniger nur geduldet. Ihnen waren Arbeiter und Arbeit im Bereich Kirche unbequem. Der Berufszweig Orgelbau verbrauchte wertvolle Devisen für Rohstoffe wie Zinn, Leder usw. Außerdem war es „oben“ kein Geheimnis, welche „reaktionären Elemente“ den Beruf ausübten. Wenn nicht immer der Propagandaeffekt: „ …seht mal, was wir für die Kirche tun, wie liberal und demokratisch wir regieren“ gewesen wäre, dann hätte es keine gestützten Materialpreise und Genehmigungen für Importe, zum Beispiel auch Orgelmotore usw., gegeben.

Es gab also viele Gründe, wo ein noch privater Firmenbesitzer fürchterlich lavieren mußte, damit Betrieb und Arbeit erhalten blieben.

Hans-Joachim Schuke konnte sich gut mit Schläue in Ost und West „verkaufen“. Durch Verwandtschaft reichte er mit einem Fuß bis zu Herrn Friedrich Engels, also in den wissenschaftlichen Kommunismus. Das andere Standbein war fest verwurzelt bei den „ollen Junkern“ und dem Hochadel. Irgendein Mitglied der Familie gehörte zur Familie derer von Wulfen. Er hatte also Auswahl: je nach Behörde und Gesprächspartner, ob Wirtschaftsrat in Potsdam oder eine Dienststelle im „Kapitalismus", es wurde bestimmt irgendwann mal der Geist der Ahnen heraufbeschworen. Natürlich passend zur Landesfarbe. Ich habe solche Augenblicke der Loyalitätsbezeugung mit Spaß und leisem Lächeln erlebt. Es war spannend und doch harmlos. Zum Beispiel muß ich da an die Orgelabnahme in Gorki (damalige UdSSR) denken. Es war eine Bereicherung der Tischgespräche, als Schuke beiläufig seine Verwandtschaft zu den Urgründern des Kommunismus erwähnte. Ein Mensch mit Bezug zum Hause Friedrich Engels! Man hätte am liebsten die dort anläßlich des Orgelbaus angebrachte kleine Gedenk- und Informationstafel geändert! Wer so berühmte Verwandte hatte, der war würdig im Lande Lenins Musikinstrumente zu bauen!

Bei einer anderen Gelegenheit in Bonn bot ihm mal eine Prinzessin Heinrich eine Zigarette an. Ich glaube, diese „Lulle" hätte er am liebsten hinter Glas im Büro aufgehängt!

Der Geist von Potsdam und ein freundliches Gedenken an S. M., der er mal an der Hand des Vaters in den Anlagen von *Ohne Sorge** begegnet war, tauchten da wohl wieder in seiner Erinnerung auf.

Potsdam, diese schöne und leider durch irrsinnige Bombenangriffe um viele Kulturgüter ärmer gewordene Stadt, war ein Stück seines Lebens. Viele Stunden konnte er voller Begeisterung über die Residenz von Königen und Kaisern erzählen. Im Geiste bin ich mit ihm zum Glockenspiel der Garnisonkirche aufgestiegen und habe dem alten Organisten Becker beim „Schlagen der Claves" seines mit einer raffinierten Mechanik versehenen Instrumentes zugesehen.

Durch Hans-Joachim Schuke lernte man, wer mal zu Potsdams Größen gezählt wurde, wer mal wo gewohnt, geherrscht und

---

* gemeint ist Schloß Sanssouci

residiert hat. Sein stiller Hang zu Thron und Altar war auch der Grund dafür, daß er in Personen von Adel nach wie vor etwas

Abb. 23. Hans-Joachim Schuke 1969 im Dom zu Magdeburg

Besonderes und Höheres sah. Hier wurde das Gedenken an Friedrich Engels radikal unterdrückt!

Mit Wonne denke ich an jene Stunden, in denen er uns jungen Leuten vor einer Fahrt nach Heiligen-Grabe, einem auch noch zu DDR-Zeiten existierenden Damenstift, in Fragen der Etikette präparierte. Er markierte gekonnt die „Von und Zus“, und wir mußten uns über seine Hand beugen und den richtigen Handkuß üben. Na wehe, wir hätten uns nicht richtig gebückt, oder die Hand zum Munde gerissen und drauf geschmatzt! Der Unterricht gipfelte in den Formen der richtigen Anrede und vielen anderen Möglichkeiten im korrekten Umgang mit kleineren und größeren Hoheiten.

Die Jahre sind ins Land gegangen, aber diese Unterrichtsstunden bleiben eine Erinnerungsrarität! Ich gebe zu, hinter vorgehaltener Hand wurde gelächelt, aber man hat doch zu anderer Gelegenheit unbewußt von dem Gerlernten profitiert. Und sei es nur, daß man keine Scheu mehr vor „großen Tieren“ hatte. Wie unverfroren haben später Rainer Nass, Tilo Catenhusen und ich eine Privataudienz bei Seiner Heiligkeit Wasgend VI. in Jerewan (Armenien) erbeten und auch mit gutem Anstand und Würde absolviert! Vater Schuke sei Dank!

Es ist gut, daß viele Dinge im Lauf der Jahre ruhiger und besonnener gesehen werden. Es gab viele Situationen mit unserem Chef, die waren einfach wunderbar und ehrend. Es gab aber auch Augenblicke, da hätte man ihn am liebsten zum Mond geschickt. Doch weder Vorgesetzte noch Mitarbeiter besitzen Vollkommenheit. Menschliche Schwächen gehören wohl zur Stammwürze des Lebens!

Mit dem Abstand der Jahre kann man auf jeden Fall erkennen, daß die Zusammenarbeit mit H.J.S. überwiegend nachhaltig positiv das Dasein bestimmt hat – wenn es auch manchmal zu Vorkommnissen kam, die einfach unverständlich blieben. Wichtig war, er fühlte sich als Vater in der großen Familie, der Lob und Tadel, Ehren und Strafen verteilen durfte.

Vater Schuke sorgte dafür, daß seine Orgelbauer nicht mit anderen Handwerkern gleichgesetzt wurden, wobei er die Intoneure noch ganz besonders heraushob. Eine Angelegenheit, die gegenüber anderen Kollegen und Handwerkern nicht immer gerecht war.

Sein scheinbar zur Überheblichkeit verleitender Standpunkt ist mir aber nach und nach verständlich geworden. Er erzog *seine* Orgelbauer zu peinlicher Ordnung, zur Ehrlichkeit und ordentlichem Benehmen in Kirche und Quartier. Er wußte um das oft rüde Benehmen von Maurern, Dachdeckern und Anstreichern, die manchmal auf der Baustelle mitwirkten. Er wollte das und hat es auch geschafft: er bewahrte uns vor so mancherlei Primitivität dieser Leute. Ich möchte hier nicht falsch verstanden werden, ich habe Respekt vor jedem ehrbaren Handwerk! Trotzdem wird in vielen Fällen die Gedankenwelt dieser Handwerksleute überreichlich durch derbe Witze, Bier und mittelprächtige Sauereien bestimmt.

Der Orgelbauer ist bestimmt kein Kind von Traurigkeit, aber wenn es dann keine anderen Themen mehr gibt – und dies ist leider bei einigen Mitmenschen der Fall – dann wird das Leben arm.

Dies haben Schuke und überwiegend alle seine Mitarbeiter erkannt. Hier sei es gesagt: Hans-Joachim Schuke wußte kernige Witze! Er versuchte aber immer, das Primitive zu vermeiden. Auch bei einer guten Schweinerei sollten Witz und Geist zu spüren sein! Ich will nochmals damit andeuten, für Humor, für einen ordentlichen Unfug, war und ist jeder Orgelbauer zu haben.

Monteure, Techniker und Intoneure verbringen eine große Zeit ihres beruflichen Daseins in der Kirche. Durch stets knappe

Termine und restlose Ausnutzung der Montagezeit sehen sie von der fremden Stadt oft nur den Bahnhof, den Gasthof und ihren Arbeitsplatz! Das Gotteshaus wird zum zweiten Zuhause.

Durch solche Lebensart entwickelt sich ein besonderes Verhältnis zu Mutter Kirche. Es wird in den heiligen Hallen nicht nur

Abb. 24.
Zwirner (ca. 1963)
an der Orgel in
St. Michael zu Jena

gearbeitet, sondern auch gelebt. Hier muß man einfach erkennen, daß viele ehrlich religiöse Kollegen auf ein Lächeln von Gott hoffen, weil die Untermieter in seinem Haus Menschen mit allen Fehlern und Marotten sind, die aber auch Sehnsucht nach einem gemütlichen Eckchen für Pause und Entspannung suchen (ein Problem bei allen Dauerreisenden). Hier hat sich ein unausgesprochenes Gesetz bewährt. Für jeden Orgelbauer ist der Altarbereich

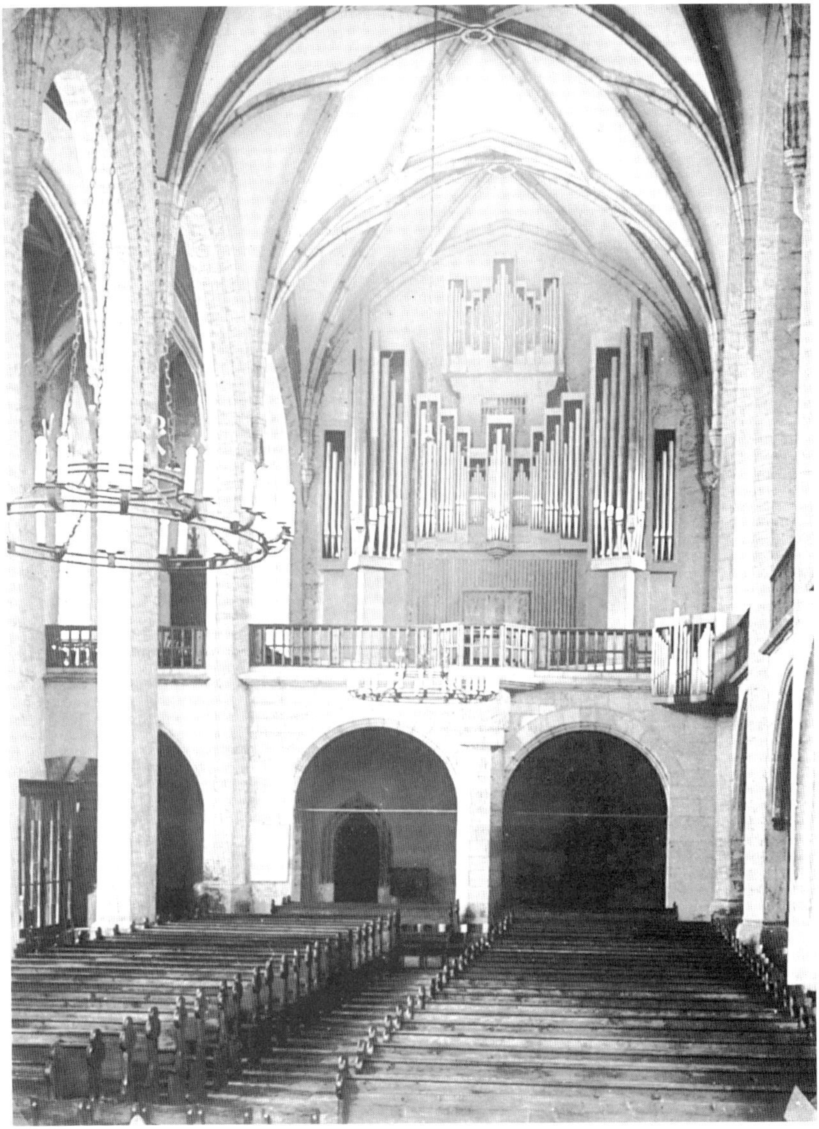

Abb. 25. Jena, St. Michael

die heilige Stätte im Kirchenraum. Ich habe nie erlebt, daß irgendein Kollege hier unangepaßtes Benehmen gezeigt hätte. Man sah sich natürlich alle Kunstwerke an, las den aufgeschlagenen Bibeltext, doch der „Wohn- und Arbeitsbereich“ begann ab der untersten Altarstufe. Wir haben gearbeitet und gefeiert, geraucht, gegessen und getrunken und miteinander fröhliche und traurige Stunden erlebt.

Es geschah in einer riesigen Backsteinkirche des Nordens: Bei fürchterlich grimmiger Kälte nutzten wir mit Wonne eine durch hochgekommenes Grundwasser entstandene Schlitterbahn. Sie ging von den Altarstufen bis zum Kirchenportal! Diese sportliche Betätigung war wärmend und machte großen Spaß. Unser Wasser, das wir für Waschzwecke, Kaffeeherstellung usw. immer in einigen Eimern parat hatten, fror ein. Der herausgeschüttete Eisklumpen war ein prächtiger Eisstock, der auf der Schlitterbahn wunderbare Weiten rutschte.

Hier wird der Außenstehende empört die Stirn in Falten ziehen. Bitte, soll er! Aber so manch Unwissender sollte dann auch mal mit auf Montagefahrt gehen und am eigenen Erleben spüren, was seinem Mitmenschen an Toiletten, Quartieren und kalten Kirchen zugemutet wird. Zumindest war dies für den damaligen DDR-Orgelbauer ein häufiges und ernstes Problem.

Zum Beispiel der kalte Arbeitsraum! Es war eine Rarität, wenn er mal eine geheizte Kirche vorfand.

St. Michael zu Jena, 1963. Ich erlebte jedenfalls zu St. Michael in Jena bei der sehr ehrenvollen Intonationsarbeit der großen Orgel Arbeitsbedingungen, die für uns Orgelbauer an der Grenze der Zumutbarkeit waren. Wasserleitung und Toilette waren eingefroren. Die empfohlene Benutzung der Örtlichkeiten auf dem Marktplatz klappte auch nicht, denn auch hier schlug Väterchen Frost gründlich zu. Unser Quartier war im Spitzweidenweg in der Nähe vom Saale-Bahnhof. Die nette Quartiermutter hatte einen uralten Spitz, der tagsüber und an Heimreisetagen in unseren Betten schlief. Hatte das liebe Tier Magen- und Darmbeschwerden, trug das nicht eben zur Verbesserung der Raumluft bei. Das und noch mehr plus Hundehaare – ein prächtiges und stimulierendes Gemisch zur Ruhefindung!

Zu solchen Schwierigkeiten kamen noch die Probleme der Versorgung (1963). Noch gab es Rationierungen der verschiedenen Lebensmittel, ein langanhaltendes Übel des verlorenen Krieges und der neuzeitlichen Planwirtschaft.

Seinerzeit war KMD Otto Göring Organist an der schönen Stadtkirche. Wir hatten ein gutes Verhältnis zu ihm, und deshalb gestattete er uns, daß wir seine Winterhütte, eine Spieltischumbauung, als gemütliche Ecke installieren konnten. Mit zwei Heizsonnen schaffte man in diesem Räumchen eine brauchbare Temperatur und wenigstens für einige Augenblicke die Chance der Erwärmung. Doch das beste Hilfsmittel war ein tüchtiger Dauerlauf: zehn Runden durchs Kirchenschiff!

Vielfarbig und schattiert ist das Orgelbauerleben! Kalte Kirchen, ekelhafte Kneipen, schlechte Quartiere, es gibt wohl kaum eine unmögliche Situation, die ich und viele andere Orgelbauer nicht erlebt und erlitten haben. Problematisch blieb immer der körperliche „rückwärtige Dienst". Viele Arten und Varianten seien hier verschwiegen – und doch bitte hier die große Frage: Wohin in der Not? Es wird von Kollegen berichtet, die eine dicke Kondukte durch die Bleiverglasung der Kirchenfenster schoben! Andere hatten ein Eimerchen. Auch Plastikfolie mußte manchen Notstand überbrükken. Aus der Sicht der warmen Stube lächelt man beim Rückblick an diese Situationen. Noch heute sehe ich einen Kollegen und mich, wie wir bei stockdunkler Nacht und klirrender Kälte einen Straßengraben am Dorfrand aufsuchten. Jeder trug sein Eimerchen mit gefrorenem Inhalt. Auch die Entsorgung bei Frost und Düsternis will gelernt sein!

Nur noch ein besonderes Beispiel will ich andeuten. Ich werde nie vergessen, wie ein junger Kollege sich sein ganzes Innenleben versaute (d.h., ihm wurde fürchterlich schlecht), nur weil es dem *pastor loci* nicht kommod war, daß ein Handwerker seinen zentralgeheizten Lokus benutzte. Der Donnerbalken auf dem Hof war gut genug.

Schluß mit diesem Thema. Auch die Geistlichkeit zu Jena konnte während der Montage- und Intonationszeit keinen Weg auf die Orgelempore finden. Nach Abschluß der Arbeiten waren alle maßgebenden Leute völlig überrascht, daß wir so schlechte Arbeitsbedingungen hatten.

Es ist schon erstaunlich, wie gedankenlos Mitmenschen, auch Pfarrer, sein können. Quartiere, Hotels und Gaststätten gäben Themen für riesige Abhandlungen. Gemeindemitglieder stellten ehrlich und gutmütig das Sofa in der guten Stube als Schlafmöglichkeit zur Verfügung. Der müde Orgelbauer fand dann einen verqualmten Raum vor, wo man auch noch ein Stündchen mit in die Röhre glotzen durfte. Endlich dann konnte der müde Körper auf der verbogenen Liege plaziert werden. Die guten Leute waren ja der Meinung, diese wenigen Wochen im Jahr halten die Monteure das schon mal aus! Ein Hotel bot uns Zimmer an, wo die Betten merkwürdig verknautscht waren. Auf unsere Frage gab es die lakonische Antwort: „Keine Sorge, die Vorgänger waren gesund." So geschehen zu Rathenow!

Der Orgelbau ist ein wunderbarer Beruf. Leider aber, und dies ganz besonders bei der Feilscherei um jeden Pfennig in der

Marktwirtschaft, ein enormer Raubbau an der Gesundheit. Hier denke ich an die gesetzlichen Arbeitszeiten. Da heißt es: „Volle Auslastung der Zeit am Arbeitsort!" Zur Arbeit, zum Beispiel im Dom zu Erfurt, brauchte man etwa zehn Fahrstunden für Hin- und Rückfahrt. Da man durch die Fahrerei erst am Montagmittag am Ort war und am Freitag zu einigermaßen vernünftiger Zeit wieder bei der Familie sein wollte, wurde die Kirche zum Daueraufenthalt! 43¾ Stunden Arbeitszeit mußten in der Kirche am Instrument gearbeitet werden. Es konnte schon ganz schön hart sein (und dies schon vor der Wende 1989).

Doch wenn es auch manchen Kummer, oft Sorgen und Probleme durch die Trennung von der Familie gab, der Spaß und die Freude am gelungenen Instrument war dann eine wohltuende Entschädigung. Trotzdem, es darf wirklich betont werden, Orgelstimmungen und langanhaltende Montagen jeder Art und Form sind schwere Arbeit. Der Körper wird mit Schalldruck belastet, Hebelleistungen (sechzehnfüßige Bässe aus Zinn oder Holz wiegen schwer!) strapazieren Wirbelsäule und Gelenke. Mit Wurmgiften wurde früher in den Instrumenten regelrecht gepantscht. Die Erkenntnis einer möglichen Körpervergiftung kam erst viel später.

Hier kann ich nur aus einem Gedicht anläßlich einer Orgelreinigung zitieren, wo es wie folgt heißt:

Schwarz gefärbt so wie die Mohren,
Xylamon trieft aus den Ohren ...
und man fragt mit leisem Schauer:
„Waren dies die Orgelbauer?"

Kurz und gut, über manche bessere Arbeitsbedingung wäre man glücklich gewesen, denn das Wohlbefinden des Orgelbauers spiegelt sich in der Qualität der Arbeit an der Orgel wider.

Ein Orgelklang kann das Abbild des seelischen Zustandes des Intoneurs sein. Mensuren und Pfeifen findet er am Arbeitsort vor. Wie er daraus und damit Klänge formt, Lautstärke, Farbigkeit der Obertöne, Tonsteigerung vom Baß zum Diskant, unzählige Mischungsmöglichkeiten mit den Nachbarregistern zustande bringt, ist von der augenblicklichen Eingebung und, nicht zuletzt, von seiner Gesundheit abhängig.

Ein ordentlicher Schnupfen kann schon die Hörkraft reduzieren, so daß unbewußt die Orgel zu laut intoniert wird. An dieser Stelle sei auch erwähnt, daß ein Fachmann sehr gut den „Zustand" und die Arbeitsumstände des Intoneurs erkennen kann. Krankheit, Vollsuff, betrübte und heitere Stunden usw., alle diese Möglichkeiten kann man am klanglichen Ergebnis einer Intonationsleistung erkennen. Gehör und Geist müssen ausgeglichen sein, dann besteht eine gute Chance für qualitätsvolles Gelingen.

Hier hatte nun jeder seine private Art, sich in Schwung zu halten. Theater- und Konzertbesuche, interessante Gespräche und Literaturstudium waren da sehr hilfreich.

Einige Kollegen bevorzugten als Ergänzung zur Häuslichkeit auch noch auswärtige Musen zur An- und Aufregung! Hier hatte ich das Glück, daß mir immer Kollegen zur Seite standen, die, wie ich, gerne mit ruhigem Gewissen nach Hause fahren wollten. Versuchungen gab es ja sehr reichlich, besonders im Ausland!

Alle Welt

Das Stichwort Ausland erinnert mich an Reisen mit dem Chef. Mit ihm war es sehr anstrengend, aber da es meistens Abnahmereisen waren, kam man mit *aller Welt* (ein geläufiges Wort von ihm) zusammen. Es gab immer viele Erlebnisse.

Bedingt durch die Art der „Dienstreise" war aber auch manche Lebensbedingung von angenehmster Art. Dem ausländischen „Herrn Chef" mußte doch was geboten werden. Da habe ich als mitreisender Schatten manche gute Stunde genossen.

Gerne denke ich an die eine Reise Berlin – Moskau, Moskau – Wilna – Kaunas – Riga – Moskau, Moskau – Gorki – Tiflis – Batumi – Tiflis – Moskau zurück. Alle diese Orte wurden hintereinander in „einem Ritt" in knapp drei Wochen besucht.

In Moskau war irres Warten auf die Genehmigung von Reisepapieren ins Sperrgebiet Gorki und dort die Übergabe und Abnahme einer Übungsorgel; zu Wilna Aufmessungsarbeiten in der dortigen Gemäldegalerie (einer ehemaligen Kirche) an einer noch als Wrack existierenden Orgel zwecks Restauration; abschließend ein kultureller Ausflug nach Kaunas.

Bei der Weiterreise nach Riga zu Besprechungen und Aufmaßarbeit für einen eventuellen Neubau blieb noch Zeit für einen Dombesuch mit Besichtigung der Orgel. Sie war gerade von Eule aus Bautzen restauriert worden.

Der Start von Berlin-Schönefeld begann schon mit der üblichen Verspätung. Professor Schetelich (der Schwiegersohn vom Chef), Hans-Joachim Schuke, seine Frau Gerda und ich bildeten die Reisegruppe. Noch auf heimatlichen Boden ging Schetelichs Brille kaputt! Nach vielen aufregenden: „ …was nun, wie soll ich meine

Konzerte spielen, und und und...", wurde die Lösung gleich an Ort und Stelle gefunden: ein Zahnstocher vom Flugplatzfrühstückstisch ersetzte die fehlende Schraube.

Trotz dieser Ablenkung ging die Warterei weiter. Der Abflug wurde immer wieder verschoben, Nervosität machte sich breit. Bei schönstem Wetter sollte man den Ansagern glauben, daß irgendwo dicker Nebel hängt und deshalb nicht gelandet werden kann.

Schließlich aber ging es doch noch los, und nach gutem und angenehmen Flug erreichten wir Moskau. Dort war ein unvorhergesehener Aufenthalt. Wie schon erwähnt, es gab Einreiseschwierigkeiten nach Gorki. Dank einiger herzhafter Telefonate des Moskauer Organisten, Herrn Prof. Roisman, kam die Sache dann doch noch in die richtigen Geleise. Prof. Roisman wird wohl der damaligen Kulturministerin mit dem entzückenden Namen Furzewa (bei uns wurde daraus immer „Furz-Eva") Dampf gemacht haben. Die Reise ging weiter nach Gorki. Ja, hier erlebte man Mütterchen Rußland. Noch heute kann jeder, der ein Gespür für Historie hat, die Welt des großen Dichters und Namenspatrons dieser Stadt nachempfinden.

Seinerzeit war die Stadt wegen der Rüstungsindustrie für Touristen gesperrt. Wie wunderbar erlebte man dadurch die originale Bevölkerung und ein echtes russisches Leben. Hier mußte die sonst auf Werbung für die Überlegenheit des Kommunismus stets bedachte UdSSR keine Rücksicht auf dekadente westliche Kapitalisten nehmen.

Natürlich gab es auch das obligatorische Lenin-Standbild und die üblichen Spruchbänder vor Stadtsowjet und Parteihaus. Allvater Lenin stand wie üblich weise auf ehernem Sockel und zeigte mit segnender Hand auf das Land seiner Väter!

Weitere Denkmäler erinnern an den Flieger Schkalow (Polüberflug in den ersten Jahren der UdSSR) und natürlich an den besten Sohn der Stadt und großen Poeten: Maxim Gorki.

Stadt und Umgebung sind ein reizvolles Stückchen Erde, abgesehen von den Gebieten, die durch Raubbau und Rüstung verdorben worden sind.

Der Ort selbst hat noch seinen alten Kreml und die Stadtmauer. Die ganze Ortsanlage liegt hoch über der Wolga. Auf der oberen Landplatte befindet sich die Stadtanlage und dann ein zum breiten Strom der Wolga hin mehrere hundert Meter steil abfallendes Ufer.

Danach kommt in unendlicher Weite Steppenland, Steppe soweit das Auge sieht. Es war für mich ein unvergeßliches Erlebnis, solch ein oft in Büchern gelesenes Szenario einmal mit eigenen Augen zu sehen.

Abb. 26. Hauptstraße in Gorki

Vom Ort selbst geht eine große, schöne und breite Freitreppe hinunter zum Ufer des Flusses, ähnlich anzusehen wie in Eisensteins Film „Panzerkreuzer Potemkin“. Hier behaupten flüsternde Stimmen, daß jede Stufe dieser Treppe einen Kriegsgefangenen das Leben gekostet hat. Ich will nur hoffen, daß dieses Gerücht nicht stimmt, denn diese Treppe erscheint unendlich!

Als gute Erinnerung an diese Reise bleibt auch ein herrlicher Sonnenuntergang vom Steilhang in Richtung Westen gesehen, einfach wunderbar. Wie heißt es im schönen Abendlied: „Goldne Abendsonne, wie bist Du so schön, nie kann ohne Wonne Deinen Glanz ich ansehn.“

Im Konservatorium wurden wir von einem sehr netten Direktor begrüßt. Ich weiß es nicht mehr genau, aber sein Name könnte Dombajew gewesen sein. Ein wunderbarer Mensch, mit ausgeprägtem Fachwissen, feinnervigem, musikalischem Gespür und Spaß an Diskussionen über Kunst und Wissenschaft.

Das Haus Schuke war gut bekannt. Im großen Saal stand schon eine große und repräsentative Orgel, von Georg Jann und Heinrich Wallbrecht intoniert. Auf dieser Reise sollte die Abnahme einer Übungsorgel in einem Nebenraum vollzogen werden (Intonation Heinrich Wallbrecht). Professor Schetelich als Bevollmächtigter der DEMUSA* übergab das Instrument. Damit war der staatliche Akt vollendet.

Der bessere Teil war eine kleine Vorführung des Instrumentes und ein festliches Beisammensein, natürlich bei exquisitem Essen und den nie fehlenden kräftigen Getränken. Zwischen Abnahme, Übergabe und Wodka haben Hans-Joachim Schuke und ich noch

* DEMUSA = Außenhandelsgesellschaft der DDR für Musikwaren und Spielzeug

schnell mal nach eventuell aufgetretenen Kleinigkeiten gesehen, weil seit Fertigstellung der Orgel doch schon einige Zeit ins Land gegangen war. Schnell war alles vorbei. Es gab einen herzlichen Abschied und ab gings zum Flugplatz.

Pässe, Dokumente, Kontrolle, und man saß wieder im Flugzeug. Wie schon oft erlebt und immer wieder mit neuer Spannung auf eventuelle Variationen erwartet, begann der Chef mit seinem persönlichen Start-Checkup! Lauthals und deutlich wurde allen klargemacht, daß das Öffnen des obersten Knopfes vom Hosenbund hervorragende Erleichterung beim Startvorgang bringt. Hier verstand wenigstens kaum einer der Mitmenschen unsere Sprache, aber beim Abflug in Berlin-Schönefeld war diese für alle hörbare Erklärung etwas peinlich.

Frau Schuke saß mit Schetelich zusammen. In einer anderen Reihe saß neben mir der Chef. Das Flugzeug hob ab und drehte noch eine Startschleife über der schönen Landschaft. Unter uns sah man den Zusammenfluß von Wolga und Oka.

Gerne hätte ich in aller Stille diese schönen Minuten genossen. Doch Vater Schuke zog es an das linke Fenster zum Platz von Schetelich. Zwei Minuten Aus- und Anblick, und schon drängelte er sich wieder zu mir auf die rechte Seite und ergab sich laut diskutierend der Frage, welcher Fluß nun gerade unter uns sein könnte. Drei- oder viermal ging das Spielchen, bis mir vorsichtig der Kragen platzte und ich ihm sagte, daß es mir bei dem schönen Panorama eigentlich egal ist, wie der Fluß da unten heißt. Meine im Hinterkopf gelagerten Worte waren wesentlich unfreundlicher!

Er setzte sich grummelnd auf seinen Platz (da gehörte er ja auch eigentlich angeschnallt und nichtrauchend während der Startphase hin). Ach Hansi, was warst Du doch für ein Unruhegeist! Es war grausam für ihn, im Flugzeug zum Stillsitzen verdammt zu sein.

Solange man noch Bodensicht hatte oder sich an bizarren Wolkengebirgen erfreuen konnte, wurde der Aus- und Anblick mit Freude wahrgenommen, Lust auf Fachsimpelei hatte jetzt keiner. Er dagegen hockte böse blickend in seinem Sessel und grollte mit uns, weil sich in diesem Augenblick keiner mit ihm beschäftigen wollte.

Das Wolkenfrühstück wurde serviert. Wie üblich, schob er mir mehr als die Hälfte seiner Portion auf den Teller. Er war nämlich, so sein Urteil über sich selbst, ein „Häppchenesser"! Wen wundert's! Dieser Mann mußte ja immer erzählen und erzählen, er wollte Ratschläge loswerden, Fragen beantworten und gefragt werden. Er brauchte dankbare Zuhörer, und dabei war Essen störend und überflüssig. Seine restlichen Häppchen wurden immer kalt.

Da er leidenschaftlicher Raucher war, gestattete er gerne seiner Umwelt schon vor Beendigung seiner winzigen Portion, zur Zigarette zu greifen. Er wußte sehr gut, wie uns die Lunge pfiff, und bei ihm war das Ende seiner Mahlzeit noch lange nicht abzusehen.

Wieder in Moskau. Es gab erneut Verhandlungen mit Prof. Roisman, dem Mann, der sich um die Wiedererweckung des Orgelspiels in der UdSSR sehr verdient gemacht hat.

Nach kurzem Verweilen ging es weiter nach Wilna zu Aufmessungsarbeiten in die Gemäldegalerie. Ich erwähnte schon weiter oben, daß dieser Raum einst eine wunderbare Kirche war. Heute werden dort wieder Gottesdienste abgehalten.

Auf einer schönen Orgelempore erkannte man einen noch schönen Prospekt mit einem vergammelten Orgelinnenleben. Die Bestandsaufnahme und Vermessung war mühselig. Aus Müll und Unrat sollten die Reste der Ursubstanz des alten Instrumentes erkannt und gefunden werden. Die ganze Geschichte war wohl nur unter dem Gesichtspunkt einer Restaurierung genehmigt worden.

Im dortigen Konservatorium, ähnlich wie in Gorki, wurde auch ein kleines Übungsinstrument übergeben. DeGries – bestimmt falsch geschrieben, aber so habe ich den Namen des Organisten im Ohr – war der Leiter der Orgelklasse. Auch er war ein sehr interessanter Mensch und guter Musiker. Der Chef wurde überwiegend mit *Gospodin Schuke*, also „Herr" Schuke angeredet. Bei uns Anhängseln war das Wort *Towarisch* (Genosse) selbstverständlich.

Auf meine Frage, wie denn im Lande der Arbeiter- und Bauernmacht derartige Klassifizierungen möglich sind, wurde mir erklärt, daß in diesem Falle das Wort *Gospodin* (Herr) eine besondere Ehre und Auszeichnung bedeutet.

Zu den Ehrungen in Wilna gehörte auch eine Gedächtnistafel, die den festlichen Tag der Orgelübergabe dokumentierte.

Die Stadt Wilna ist eine reizende Stadt und hat, obwohl für unsere Begriffe sehr weit im Osten, ein interessantes, zentraleuropäisches Aussehen und unendlich viele Kirchen, eine riesige Kathedrale und reichlich schöne und gute Kunstdenkmäler.

Ein Extrabonbon bekamen wir noch von der Leitung des Musikinstitutes in Form einer Exkursion nach Kaunas. Dieses Städtchen, schon sehr nahe am ehemaligen Ostpreußen gelegen, zählt zu den Nationaldenkmälern des Staates.

Unsere Zeit hier und in Wilna war leider viel zu knapp, um alles richtig sehen und genießen zu können. Schade, sehr schade. Hier sah man auch die Kehrseite des Orgelbauerberufes; mit leichter Übertreibung kann man sagen, man war „in aller Welt" und hat doch manchmal nur Kirche, Konsum und Kneipe gesehen.

Im wahrsten Sinne des Wortes ging es im Fluge weiter nach Riga. Diese Stadt könnte eine Verwandte von Rostock oder Stralsund sein: wunderbar und schön. Vieles schreit zwar nach dringender Reparatur und Erneuerung, doch wie überall fehlt das Geld.

Ein Lichtblick ist der Dom. Bauwerk und Orgel sind eine Augenweide. An die Orgel kamen wir nur mit höchster staatlicher Genehmigung.

Unsere Aufgabe in dieser ehemaligen Hansestadt war die Aufmessung eines Raumes und Überprüfung einer desolaten Orgel zwecks Restauration. Das Instrument war ein fürchterlicher romantischer Schinken, zur Auftragserteilung ist es nie gekommen.

In Riga war es sehr gastlich. Man speiste hervorragend, und ich lebte ganz besonders gut, weil ich wieder vom „Häppchenesser" profitierte. Die Mitglieder der Familie Schuke waren große Verehrer eines guten Portweines. Hier gab es eine ausgezeichnete Sorte, und Vater Schuke ließ sich nicht lumpen. Schetelich auch nicht, und so ergab sich ein netter Abend in hervorragender Stimmung! Themen: Orgel, Orgel, Orgel, Mensuren und wieder Orgel! Hin und wieder konnte ich auch mal „weltliche" Gespräche mit Frau Schuke führen. Eine echte Erholung!

Der Rückflug nach Moskau war eigenwillig. Urplötzlich stieß die Maschine steil nach unten. Es war ein ungutes Gefühl! Mitreisende Flugprofis behaupteten, daß die Druckanlage vielleicht einen Defekt hätte, und der Pilot deshalb in die unteren Etagen des Luftraumes ausweichen mußte. Oder war es ein Ausweichmanöver? Wie dem auch sei, der Vogel flog in guter Bodensicht weiter gen Moskau. Eine angenehme Sache. So konnte man Landschaft und Gegend erkennen und nicht nur blauen Himmel und Wattewolken.

Auf dieser Reise wurde kaum ein Koffer ausgepackt. In Moskau gelandet, ging es – husch, husch – mit dem Taxi vom Airport Scheremetjewo zum Inlandflugplatz Wnukowo. Hier startete der nächste Vogel nach Tiflis.

Tiflis

Tiflis – eine Perle im Kaukasus. In Landessprache wird diese Hauptstadt Georgiens *Tbilissi* genannt. Zu allen Zeiten haben hier Khans, Fürsten und Potentaten regiert. Hier haben sich Generationen massakriert, gekreuzigt und auf beste asiatische Art abgemurkst. Hier wurde Herr Prometheus an irgendeinen Felsen ge-

Abb. 27. Blick auf Tbilissi (Tiflis)

hängt. Hier hausten sehr antike und auch die Götter unsrer Zeitrechnung! Alle beutelten dieses Land zum Wohle der Einwohner! Ähnlich hat es ja in europäischen Landen auch ausgesehen.

Tbilissi. Metechi Burg (13. Jh.). Blick
vom Kura Kai

Abb. 28. Tbilissi, Metechi-Burg (13.Jh) Blick vom Kura-Kai
(Postkarte mit deutscher Unterschrift!)

Heute ist Tiflis eine Stadt voll quirliger und orientalischer Lebendigkeit. Im Bürgerkrieg, nach Absetzung der Kommunisten, wurde leider viel gute Kultur zerstört. Eine U-Bahn, die Metro, verbindet unterirdisch in unheimlicher Tiefe (Atomkeller) die Stadtteile. Es gibt einen prächtigen botanischen Garten, den man durch einen langen Tunnel (wahrscheinlich auch als Luftschutzkeller gedacht) erreicht.

Über der Stadt steht eine riesige Figur, Mutter Grusia. Sie reicht dem Gast ein gefüllte Weinschale zur Begrüßung.

Die georgische oder auch grusinische Hauptstadt liegt am Fluß Kura. Sie wird eingerahmt von Höhenzügen und größeren Bergen.

Bei gutem Wetter kann man den Kasbek sehen. Dieser Berg ist nach dem Elbrus die Nummer Zwei im Kaukasus.

Alle Erhebungen um Tiflis herum sind so gut wie kahl. Es gibt kaum Bäume und Gehölze. In dieser geschichtlich ältesten Ecke

Abb. 29. Das Hotel Tbilissi auf dem Rustaweliprospekt (Deckblatt der Speisekarte).

Hier hatten Nass, Catenhusen und ich während der Intonation gewohnt.

der Welt ist alles, was irgendwie nach Holz aussah, dem menschlichen Raubbau zum Opfer gefallen.

Die Stadt hat auch ihre Prachtstraße. Hier nennt sich diese Allee Rustaweli-Prospekt mit herrlichen Häusern und Hotels aus der

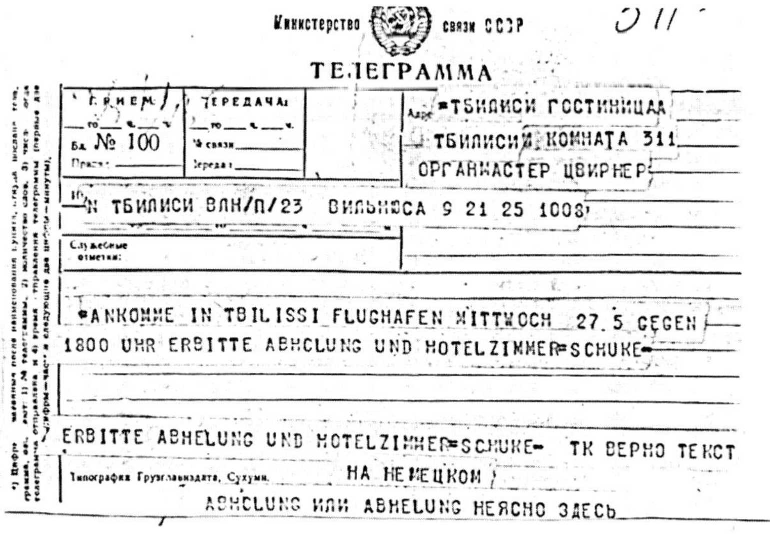

Министерство связи СССР 011

ТЕЛЕГРАММА

Прием / Передача

№ 100

Служебные отметки:

Адрес: =ТБИЛИСИ ГОСТИНИЦАА

ТБИЛИСИИ КОМНАТА 311

ОРГАНМАСТЕР ЦВИРНЕР

N ТБИЛИСИ ВЛН/П/23 ВИЛЬНЮСА 9 21 25 1008

=ANKOMME IN TBILISSI FLUGHAFEN MITTWOCH 27.5 GEGEN 1800 UHR ERBITTE ABHCLUNG UND HOTELZIMMER=SCHUKE=

ERBITTE ABHELUNG UND HOTELZIMMER=SCHUKE= ТК ВЕРНО ТЕКСТ НА НЕМЕЦКОМ

ABHCLUNG ИЛИ ABHELUNG НЕЯСНО ЗДЕСЬ

Типография Грузглавиздата, Сухуми.

Abb. 30. Cheftelegramm nach Tiflis

Gründerzeit. Laut Pressemeldungen sind sie wohl jetzt zum großen Teil Opfer des unsinnigen Bürgerkrieges geworden.

Wie üblich steht Lenin an bester Stelle im Stadtbild, und Herr Rustaweli, der Volksdichter und Erzähler, der auch für die georgische Schrift Großes geleistet hat, muß sich mit einem bescheideneren Plätzchen begnügen!

Am Straßenrand stehen Palmen, in den Parks gedeihen prächtige Blumen, kurz und gut, dieser ganze südliche Zauber konnte die Illusion einer Reise nach Italien vermitteln (übrigens: Goethe war hier nicht präsent!).

In Tiflis wohnten Prof. Schetelich und ich in einem Motel. Es lag etwas abseits am Ausgang der Stadt. Als Frühaufsteher nutzte ich den anbrechenden Tag, um die schöne Umgebung in aller Ruhe und Stille genießen zu können. Auf einer nahen, üppig bewachsenen Wiesenfläche, durch die sich ein malerisches Bächlein schlängelte, wurde ich am Ufer mächtig überrascht. Es platschte ringsum fürchterlich. Mir schien es, als flögen getrocknete Kuhfladen aus der Wiese in den Bach. Beim näherem Hinsehen erkannte ich riesige Frösche. Ich bin sicher, daß jedes Exemplar gut und gerne auf einen Suppenteller gepaßt hätte. Später erfuhr ich, daß es Ochsenfrösche waren.

Unsere Anwesenheit in dieser schönen und lebendigen Stadt war der bevorstehenden Orgelabnahme im Konservatorium zu verdanken. Rainer Nass, Tilo Catenhusen und ich hatten in diesem Kunsttempel eine Orgel mit drei Manualen intoniert.

Zur Abnahme stand der Intoneur auch hier einsam im Kampf gegen alle. Eine Verteidigung wie bei einer Diplomarbeit! Hier hieß es, Überzeugungsarbeit zu leisten. Man brauchte viel Geduld und gute Kenntnisse der Musikliteratur, um an Beispielen Klangkombinationen schmackhaft zu machen. Es wurden, soweit man konnte, Triosonaten, Choralvorspiele, freie Improvisationen und die möglichsten und verrücktesten Klangbeispiele vorgeführt.

Der Abnehmer mußte einen umfassenden klanglichen Eindruck von allen Möglichkeiten der Orgel bekommen, bevor er dann selber von der Spieltischperspektive aus probierte.

Die Einweihung darauf war sehr feierlich. Für meine Begriffe und für die Auffassung jener Jahre war das gespielte Ave Maria, mit 8 und 16 Fuß registriert, unendlich schnulzig.

Als dann Schetelich in die Tasten griff und zum Schluß die im östlichen Raum als Orgelnationalhymne geltende d-moll-Toccata von Bach spielte, da war großer Jubel im Haus.

Mit orientalischer Herzlichkeit wurden wir alle umarmt und abgeknutscht. Natürlich wieder mit den besten Empfehlungen aller Knoblauch-Anbaukolchosen des Landes!

Ein georgisches Gastmahl

Einen Abend waren wir zu Gast bei der Organistin Eteri. Ihren Familiennamen habe ich vergessen, aber er klang nach „Pferd", Galoppschwili, oder so ähnlich. Ist ja auch egal. Auf jeden Fall gab es ein georgisches Gastmahl in bester Art und Weise.

Vater Galoppschwili verfügte als Arzt über das nötige Kleingeld und hatte Beziehungen. Dadurch war es ihm möglich, die berühmte georgische Gastfreundschaft voll und ganz unter Beweis zu stellen.

Ein Gastmahl in diesen Breiten ist für uns trockene und hausbackene Deutsche immer ein kleines Wunder. Unsere Tische sind geordnet, das Gedeck nach Knigge gelegt, und es werden vielleicht drei Gänge gereicht. Man haut sich den Wanst voll, und das war's dann.

Wie üppig, unbegreiflich und farbenprächtig sieht in Georgien so eine Festtafel aus. Wenn vier bis sechs Personen zu Tisch gehen, denkt man, es werden noch mindestens zwanzig Leute erwartet. Auch arme Georgier decken den Tisch sehr reichlich, selbst wenn sie, um die Gastfreundschaft zu wahren, riesige Schulden machen!

Bei den wohlhabenden Galoppschwilis, und noch dazu bei solch' illustren Gästen aus dem fernen Abendland, konnte es deshalb nicht ausbleiben, daß sich Tische und Beistellwägelchen unter der Last der aufgetragenen Speisen und Getränke bogen.

Mit den Gastgebern zusammen waren wir sieben Personen. Auf dem Tisch standen: Zwei ausgewachsene Torten, ein Spanferkel, etwa zehn kleine gebackene Hähnchen, kalter Hammelbraten, gedünstete Maiskolben, Salzfisch, Berge von Grünzeug, Kerbel, junges Zwiebelgrün und manches mir völlig unbekannte Kräutchen. Viele dieser fremden Kräuter waren äußerst schmackhaft, räumten das Innenleben auf, und man konnte weitere Mengen futtern.

Natürlich standen enorme Massen Früchte bereit. Der Wein (in diesem Fall noch die Trauben) und die Granatäpfel dominierten als Spezialität des Landes. Äpfel, Pfirsiche, Nüsse und noch andere kleine Früchte lagen malerisch auf den Anrichten und in den im Osten sehr beliebten schwülstigen Kristallschalen.

Nicht zu übersehen war auch das Angebot an Süßigkeiten. Auch wieder in überladenen Schalen das Russische Konfekt: sehr süße Pralinen, die wie große eingewickelte Bonbons aussehen. Aber auch erlesene Dinge, die noch in ihren prächtigen Verpackungen und Schmuckaufschriften zu sehen waren: *Konfekt 1. Mai, Konfekt Laila* usw. Das waren die handfesten Sachen.

Wie ich im Raum die gestapelten Getränke sah, kam Angst in mir auf. Vater Galoppschwili hat wohl so manchen Blinddarm in Schwarzarbeit entfernt, um sich hier vor den deutschen Gästen als würdiger Vertreter eines gastfreundlichen Landes zu zeigen. Es war einfach für jeden Geschmack ein gutes ausgesuchtes Getränk vorhanden. Limonaden, *Borschomi* (spezielles Mineralwasser aus dem Kaukasus), bester Wodka, roter Wein aus Stalins Kellerei, Weinbrand aus Armenien, roter und weißer Sekt von der Krim, fürchterlich bunte Liköre usw. Die Auswahl war für das Auge eine Pracht. Erschreckend der Anblick der Menge.

Doch wie betonte Hans-Joachim Schuke immer: „Viel Feind, viel Ehr!“ Nach Begrüßung durch den Hausherrn, natürlich mit einem kräftigen ersten Schluck zur Einstimmung, ging es an die Tafel.

Jetzt konnte man den heimatlichen Mittagstisch vergessen. Bei dem Überangebot an Speisen mußte man sich zwingen, immer nur kleine Portionen zu nehmen. Der Gastgeber legte jedem persönlich ein kleines Backhähnchen auf den Teller, füllte die Gläser mit einem herrlichen Rotwein aus Stalins Kellerei in Gori und hielt eine nochmalige Begrüßungsansprache (wir konnten derweile schon leise an den delikaten Hähnchen knabbern).

Ein Willkommensgruß an Familie Schuke! Prosit! Gemeinsames Aufstehen, gegenseitiges Anlächeln, und schlucken. Wieder beim Geflügel, aber höchstens für drei Minuten!

„Herzlichen Dank für Ihr Kommen, hochverehrter Professor Schetelich, ... Kind und Kindeskinder mögen wachsen und gedeihen!" Prosit! Aufstellung und noch gerader Blick in die Augen der Mitmenschen und schlucken.

Jede Rede war immer etliche Minuten lang, aber man konnte ja zwischendurch gemütlich kauen. Die vielen Worte waren also nicht hinderlich.

Irgendwann kam auch die Begrüßungsrede an mich. Ich will nur hoffen, daß die vielen Segenswünsche meinen Enkeln und Urenkeln noch was nützen.

Zum Schluß gab es noch ein kerniges Hoch auf unsere weisen Staatsoberhäupter. Dies ließ bei den langsam vernebelten Köpfen ein müdes Grinsen aufkommen. Trotzdem, wir schluckten auf das Wohl von Erich und die großartige Führung der Arbeiter- und Bauernmacht! Von der Sowjetunion lernen, heißt siegen lernen! Amen. Die Schlacht durch das aufgebaute Delikatessenlager wurde heftiger. Schuke, Schetelich und auch ich erwiderten nun die freundlichen Grüße. Aufstehen, anlächeln, schlucken.

Diese häufigen sportlichen Übungen, beinahe wie unser Spiel: „Ach wenn ich bei meiner Laurenzia wär..." förderten immer den Appetit. Ich denke heute noch mit Verwunderung daran, mit welcher Tapferkeit wir diesen Berg an Nahrungsmitteln reduziert haben.

Endlich waren die ganz feierlichen Reden vorbei. Eteri zerlegte jetzt mit großer Kunst das Spanferkel. Bei dieser Delikatesse verstummten auch die feurigen Georgier.

Nun wurde für kurze Zeit in relativer Ruhe gegessen. Es gab nur kleinere Gespräche. Hansi hatte jetzt seinen Gockel und ein saftiges Ferkelstück auf dem Teller. Viel hatte er nicht verputzt. Wieder nur Häppchen!

Bei dem Speisenangebot konnte ich ihm aber keine Erleichterung durch Übernahme verschaffen. Da er genug hatte, stellte er sein Futter zur Seite, klopfte ans Glas und hob zu neuer Rede an. Jetzt holte er aus. Geschäftliche Erfolge, Dankesworte, Reisen in alle Welt waren nun seine Themen.

Nach dem Griff zum Glas war er glücklich, daß auch endlich Rauchpause war.

Alle Mitglieder der Tafelrunde hatten inzwischen reichlich den Genüssen zugesprochen, die Stimmung schwoll. Georgische Lieder wurden angestimmt, Klänge, die für uns ungewohnt waren, aber in diese Atmosphäre paßten.

Nun sollten wir singen. Na, die einst hochberühmte deutsche Romantik endete dann bei uns mit den kläglichen Resten der einst gelernten Lieder: „Am Brunnen vor dem Tore“, „Hoch auf dem gelben Wagen“ usw. Da wir aber, wie alle „Kulturvölker“ des Westens, den Einsatz der eigenen Stimme bei einem Liedchen beinahe verlernt haben, war der geleistete Kulturbeitrag auch armselig. Wein, Sekt und lauter werdende Unterhaltung übertönten zum Glück die blamable Einlage.

Der Abend wurde fröhlicher und die Stimmung war prächtig. Bei mir meldete sich ein Hähnchen zum Rückwärtsgang. Ich suchte die Lokalitäten im Hof auf. Hier traf ich Frau Schuke, die sich auch in leichter Übelkeit von einigen Gläsern Schampus befreite.

„Alex", rief sie, „kommen Sie schnell mal her, es ist ganz wichtig!" In der dunklen Ecke des Hofes bat sie mich, daß ich unbedingt auf Schetelich aufpassen sollte. „Sehen Sie nicht, wie Eteri den Wolfgang dauernd anhimmelt?" Jetzt, wo sie dies sagte, mußte ich ihr zustimmen. So im Unterbewußtsein ist mir schon das werbende Verhalten von Eteri gegenüber Schetelich aufgefallen.

Der Abend wurde feuchter, lauter und fröhlicher. Vater Schuke wurde gelb und grün, wankte ab und zu in den dunklen Hof und war danach zu neuen Trinkgenüssen fähig. Eine seltene Begabung.

Dr. Galoppschwili rollte zum Schluß der Festlichkeit die leeren Sektpullen durch die Stube, die inzwischen wie ein Schlachtfeld aussah. Die liebevoll aufgebaute Dekoration war dahin. Mit Schrekken wird die Hausfrau am nächsten Morgen das Trümmerfeld betreten haben!

Was soll's, dies war nicht unser Problem. Der Schlußpunkt kam. Aufrecht, grün und mit leichter Übelkeit geschlagen, haben wir die Ehre der einen Hälfte unseres Vaterlandes gewahrt. Stehend überließen wir uns der nochmaligen großen Verbrüderung mit Küßchen links und rechts, und dann nahmen uns die Taxen zur Heimfahrt ins Hotel auf.

Frau Schuke hatte richtig vermutet. Schwiegersohn Schetelich mußte beim Abschied sehr massiv vor einer Mondscheinfahrt mit Eteri bewahrt werden!

Am nächsten Morgen (bzw. Mittag) sprach ich ihn darauf an. Da meinte er nur: „Mensch, Alex, muß ich besoffen gewesen sein!" Wie wahr, Herr Professor!

„en suite“ mit dem Chef

Von Tiflis wurde eine weitere Exkursion per Flugzeug über den Kaukasus nach Batumi gemacht. Wir wollten ganz besonders den dortigen botanischen Garten besuchen.

Ein Bürger unserer Breiten ist immer wieder überwältigt von der Üppigkeit und Schönheit der subtropischen Pflanzenwelt. Man kann hier nur andeuten, was als Besonderheit in der Erinnerung geblieben ist. Unendliche Vielfalt war zu bestaunen: Bananenbäume und Bambushaine, sogar Eukalyptusbäume, in deren Nähe man vom großen Zeh bis zur Haarspitze tief Luft holen kann.

Eine herrliche optische Pracht waren die Orangenwäldchen. Es hingen schon Früchte an den Bäumen, die aber leider noch nicht richtig reif waren. Was hier unbedingt gesagt werden muß, ist die schöne Tatsache: bei uns ist jedes Gewächs mühselige Zierpflanze, dort aber wandelt man durch den wogenden Bambuswald, man ergeht sich unter den Orangenbäumchen, kurz gesagt, man ist richtig in der Natur drin.

Alles ist üppig und überreichlich und zum „Begreifen“ vorhanden. Nochmals, man kann die Schönheit des Gartens von Batumi nicht genug rühmen. Es waren unvergeßliche Augenblicke.

Jeder schöne Tag hat sein Ende. Ab zum Flugplatz. Der *Natschalnik* riß ein Schnipselchen vom Flugticket, und rein ging es in die Maschine. Der Aeroplan von der Aeroflot hoppelte schon einige Meter über den Rasen und hielt plötzlich wieder. Aufgeregt stürzte der Flughafenmensch in das Flugzeug. *„Wo Nemetz, wo Nemetz, dawai, dawai idi, paschli paschli, aussteigen, camolot Odessa!“* Wir bekamen nach diesem Wortschwall einen großen Schreck, weil wir nicht verstanden, worum es ging. Es stellte sich dann heraus, daß man uns in ein Flugzeug nach Odessa verfrachtet hatte. Schade, hätte der Genosse Natschalnik die abgerissenen Tickets nicht etwas später sichten können? Odessa hätte mich auch sehr interessiert.

Eine nächste IL 14 brachte uns auf den richtigen Heimweg. Beim Überflug der prächtigen kaukasischen Bergwelt mußte ich Vater Schuke wieder lang und breit bei der Klärung der so wichtigen Frage helfen: Ist der Berg links oder rechts unter uns der Elbrus oder der Kasbek? Wieder war es mir fürchterlich egal, welcher der schneebedeckten Riesen Kasbek oder Elbrus war. Der Anblick in Richtung Mutter Erde war nur schön.

Ich erwähnte es schon, reiste man *en suite* mit dem Chef, dann kam man auch in den Genuß der einem Direktor zukommenden erweiterten Gastfreundschaft. Hans-Joachim Schuke wollte es nicht glauben, daß man sich oft nur bei *seiner* Anreise so ins Zeug legte.

Hier fällt mir ganz besonders eine Reise nach Kasachstan ein. Als Schuke anreiste und noch irgendwo in den Wolken schwebte, kam die Leitung des Konservatoriums zu uns, um nach einigen Lebensgewohnheiten und Liebhabereien des Chefs zu fragen. Bei seiner Landung stand dann ein vollkommenes Festprogramm parat.

Der Personenkult um Hans-Joachim Schuke hätte jedem Landesvater zur Ehre gereicht. Nun, vielleicht war es die Mentalität der Leute, die halt so ihre Ehrfurcht vor einem großen Kunstschaffenden ausdrücken wollten.

Es wurde seitens der Konservatoriumsleitung eine Exkursion in die Bergwelt des Ili-Alatau angeboten. Dies war mehr als ein freundliches Geschenk.

Mit einem kleinen Bus rauschten wir ab, am Flüßchen Almatinka und dem Wintersportparadies Medeo vorbei, immer eisern über Stock und Stein bergauf. Die Fahrt endete irgendwo so in 2000 m Höhe. Zu Fuß ging es weiter.

Die offizielle *delegatia*, Schuke, Dozent Wiesel (vom Konservatorium), eine Dolmetscherin vom Kulturministerium und irgendein Halb- oder Vierteldirektor des Musikinstitutes trotteten weit hinter uns. Tilo Catenhusen und ich hatten uns im Sturmschritt nach vorne abgesetzt, weil wir so dem „Bla-Bla" ausweichen konnten, und zweitens lockte ein Sprung in einen herrlichen Gletschersee.

Drei Meter hin und zurück – weiter zu schwimmen war unmöglich. Es war im wahrsten Sinne eiskalt, und wir stiegen, um Zentimeter geschrumpft, aus den Fluten. Es war ja auch kein Wunder! Am Ende des Sees rutschte das blanke Eis des aufsteigenden Berges in das Wasser.

Diese herrliche Erfrischung zählt auch zu den schönen Erinnerungen. Man kann nur hoffen, daß dieses Eckchen Natur in seiner Unberührtheit der Menschheit erhalten bleibt.

In einem anschließendem Tal entdeckten wir eine Hirtenjurte, ein großer einfacher Zeltbau aus Fellen, Stangen und Filzmatten. Die sehr einfachen Bewohner begrüßten uns mit unendlicher Herzlichkeit. Man bat uns ins Zelt. Dieser einzige große Raum war das Zuhause einer ganzen Sippe.

Am Eingang lag ein sehr großer Stein, der zum Brotbacken (Fladenbrot) heißgemacht wurde. Im Zelt selbst war ringsum an der Außenhaut der ganze Hausrat gestapelt. Decken, Matten, Töpfe und Werkzeuge. Es ist erstaunlich, mit wie viel, oder mit wie wenig so eine große Menschengruppe auskommt und glücklich ist!

In hübschen Keramikschalen wurde uns Tee gereicht. Dazu gab es einige Brocken Brot und Käse. Vor der Tür schmurgelte in einem regelrechten Hexenkessel ein Hammelkopf mit Haut und Haaren.

Mit Mühe nur konnten wir den lieben gastlichen Leuten klarmachen, daß wir gerne bleiben würden, aber zur *delegatia* zurückkehren müssen.

Und mit Erstaunen hörten wir dann sehr abfällige Bemerkungen über die „Schwarzen“! Gemeint waren unsere mongolischen Gastgeber aus der Jurte, die zwar nicht die gleiche „saubere“ (?) Hautfarbe wie wir hatten, aber dafür goldene Herzen. Dies waren doch sehr sündhafte Worte! Und dies im Lande Lenins, wo nur der Mensch das höchste Wesen sein sollte! Na, war wohl auch ein Irrtum.

Einige Meter weiter gab es einen besonderen Spaß. Ein Kamelritt wurde geboten. Mit viel Gelächter wurde ein Wüstenschiff abwechselnd von Hans-Joachim Schuke, Tilo und mir bestiegen. Wenn so ein Vieh den ersten Gang einlegt, dann hat man ganz schön zu tun, um im Sattel zu bleiben. Vater Schuke machte eine ganz besonders gute Figur. Rechts die Zügel, in der linken Hand Zigarette mit Filterspitze – und ab gings.

Das Kamel war wohl glücklich über die leichte Last und deshalb beim Erheben rücksichtsvoller als bei Tilo und mir. Ein streichelndes Dankeschön honorierten die ewig wiederkäuenden Tiere damit, daß sie versuchten, uns mit gekonntem Strahl anzuspucken!

Das waren Augenblicke, wo Ärger, Arbeit und manche Sorge vergessen werden konnte. Dieser Ausflug und das Einweihungsbankett waren Höhepunkte der Alma-Ata-Intonationsreise.

Kasachische Orgelabnahme

Zur Einweihung gab die Orgel, die auf festlich angestrahlter Bühne ihren Platz hat, einen kernigen Heuler von sich. Im Angesicht des Publikums und vor laufenden Fernsehkameras rasten Tilo und ich in die Orgel, orteten den Fehler, und immer, wenn Schetelich *unseren* Ton gebrauchte, hoben wir die Mechanik nach, damit es nicht wieder heulte.

Eine Reparatur war erst nach dem Konzert möglich (auf dem Tonventil lag ein winziges Spänchen Schmutz).

Irgendwie war alles nicht so unter dem rechten Stern. Die Orgelabnahme und die Zeremonie der Übergabe war nicht besonders schön. Es war alles etwas kompliziert.

Es fing damit an, daß ein Oberabnehmer aus Moskau nicht kommen konnte. Er beauftragte einen Professor des Institutes, der Orgeln nur von Bildern kannte. Da der verehrte Herr solches noch nie gemacht hatte, war er übereifrig. Ein nicht gesehener Fehler war für ihn schon die halbe Fahrkarte in ein Straflager. Durch diese Abnahmebedingungen war der ganze Vorgang selbst eine unangenehme Krümelkackerei, gepaart mit „sozialistischer Überlegenheit".

Auf deutscher Seite agierte Schetelich. Natürlich wie immer im Auftrag und als Vertreter des Außenhandels (DEMUSA).

Allen Anwesenden war nach Vorführung und Inspektion des Werkes, nach Begutachtung von Pfeifenwerk und anderen schön aussehenden Teilen klar, daß hier ein ordentliches Werk erbaut worden war.

Nur der Abnahmeprofessor rang noch mit sich. Ihm gefiel die Stimmung, und zwar die Stimmhöhe, nicht. Bei der enormen Hitze des Tages „zog" die Orgel in die Höhe. Er aber, nachdem er aus

Abb. 31. Eintrittskarte zur Orgelweihe in Alma-Ata

einem Etui eine Stimmgabel ausgepackt und ans Ohr gehalten hatte, war nicht davon zu überzeugen, daß hier sein Gerät nicht funktionieren konnte.

Nur unser Präzisionswerkzeug, eine verstellbare (Glocken-) Stimmgabel, konnte die richtige Hilfe sein. Diese Stimmgabel kann man mit Hilfe von Tabellen so einstellen, daß die gewünschte Tonhöhe in richtiger Beziehung zur Raumtemperatur steht.

Jetzt verlangte der Professor eine Kopie unserer Stimmtabelle. Damit wollte er im Ernstfall seinen Auftraggebern in Moskau einen Beleg für die wundersamen Wandlungsmöglichkeiten von Kammertönen bei steigenden oder fallenden Temperaturen geben.

Trotzdem, das Abnahmegutachten wurde und wurde nicht unterschrieben. Sein Mißtrauen gegenüber unserer Stimmung wollte nicht weichen.

An dieser Stelle wurde es langsam albern und beschämend, weil der Vertreter unseres Außenhandels und Dozent für Orgel nicht auf die Barrikaden ging. Nach unserer Auffassung hätte er hier unbe-

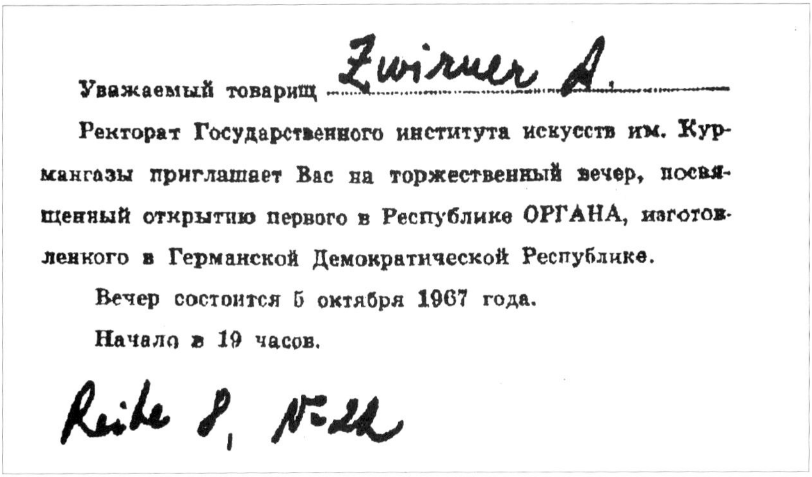

Уважаемый товарищ Zwirner A.

Ректорат Государственного института искусств им. Курмангазы приглашает Вас на торжественный вечер, посвященный открытию первого в Республике ОРГАНА, изготовленного в Германской Демократической Республике.

Вечер состоится 5 октября 1967 года.

Начало в 19 часов.

Reihe 8, №22

Abb. 32. Platzkarte zur Orgelweihe in Alma-Ata

dingt eingreifen müssen. Ein Mann mit seinem wirklich profunden Wissen über Orgelbau hätte doch spielend diese Komödie beenden und die Abnahme wieder in die richtigen Gleise führen können. Wäre unsere Arbeit nicht ordentlich gelungen, hätte er bestimmt nicht der Übergabe zugestimmt.

Nun, hier kam wohl unbewußt die Lebenserfahrung mit dem Großen Brudervolk und das gelernte Still-sein-und-Maul-halten vor der „Besatzungsmacht mit sehr langem Arm" zur Geltung!

Deshalb sicher blieb auch Hans-Joachim Schuke leider still. Er wird wohl zähneknirschend an weitere, lebenswichtige Exportaufträge und an sein oft zitiertes „Viel Feind, viel Ehr" gedacht haben.

Nochmals – obwohl das Instrument allseitig als gut und gelungen abgenommen und empfunden wurde, war es an dieser Stelle sehr bedauerlich, daß hier zwei große Menschen, der Künstler und der Kunstschaffende nicht kämpften.

Sie überließen Tilo und mir den Krampf-Kampf mit dem Geigenvirtuosen, der hier im Namen des Kulturministeriums Mos-

Abb. 33. Die erste Orgel zu Alma-Ata, 1967 (Musikstudenten des Institutes)

kau eine Orgel abnehmen sollte. Dies war die armseligste und beschämendste Situation in meiner Laufbahn als Orgelbauer. Zum Beginn der Intonation hatte sogar ein Vergleich mit einem Oboer stattgefunden. Das „Dienst-a" dieses Musikers stimmte mit unseren Vorstellungen über die Tonhöhe überein.

Endlich begriff der Professor, daß die Orgel auf den (damaligen) Kammerton 440 Hz bei 15°C eingestimmt war. An Hand der jetzt vorliegenden Tabellen und großer Überzeugungsarbeit verstand der schwitzende Professor endlich, daß bei bald 30°C die Orgel wesentlich höher in der Stimmung liegt als zum Konzert am Abend. Da waren die Räume relativ kühl und temperiert. Es war geschafft!

Der Professor setzte seinen „Wilhelm" unter das Protokoll, und ich hoffe sehr, daß er diesen Akt ohne Aufenthalt in einem Straflager überlebt hat.

Das anschließende Festbankett war ein kerniges Gelage. Dem Chef und Schetelich wurden ein kasachisches Ehrenkleid und Tilo und mir, die wir über Wochen bei glühender Hitze geackert hatten, eine fünf Zentimeter große Plastikgeige für drei Rubel (damals neun Mark der DDR) als Souvenir überreicht.

Na, da war wohl nichts mit der großen Gleichheit im Lande der Morgenröte. Auch hier konnte man die geflügelten DDR-Worte sprechen: „Orden und Bomben treffen immer die falschen!" Dies mag jetzt sehr neidisch klingen. Vater Schuke und Schwiegersohn Schetelich sahen ja bezaubernd in ihren Samtmänteln aus. Diese Auszeichnung gönnten wir ihnen auf jeden Fall, aber man war doch sauer über das Abfinden mit einem billigen und primitiven Souvenir vom Zeitungsstand. Das ging gegen das Ehrgefühl eines Orgelbauers und Intoneurs. Da wäre ein feuchter Händedruck besser gewesen! Da wir also unsere als Anstecknadel gedachte Geige den Leuten nicht an den Hut stecken konnten, flog sie an der nächsten

Ecke in den Müll. Kunst ist doch eine ernste Sache. Abgesehen von Ausnahmen war der Kontakt zur Obrigkeit mäßig, jedoch die Beziehung zum Fußvolk des Hauses sehr herzlich.

Da denke ich an den kühlen Viktor und den ewig fröhlichen Jura. Beide durften uns helfen und auf die Finger sehen. Sie sollten später die Pflege des neuen Instrumentes übernehmen. Jura war ein Schelm, der in der Kirche Kerzen klaute, weil ich den Geburtstag von Tilo festlich mit Lichtern verschönern wollte. Viktor dagegen war ein ruhiger und kluger Kopf und eine gute fachliche Hilfe. Sollten aber die Gerüchte stimmen, dann hatte er leider noch andere Auftraggeber und die gehörten zur Weltfirma „Horch & Guck“ (einer ausgesprochenen Spezialität des Landes)*.

In guter Erinnerung habe ich Bühnentischler, Kraftfahrer und all die kleinen freundlichen Geister, die zum Betrieb eines Konservatoriums mit Opernbühne nötig sind. Sie haben uns viel geholfen. Trotz mancher Sprachschwierigkeiten haben wir uns gut verstanden. Der liebe Kraftfahrer, der uns hoch ins Gebirge gefahren hat, ist leider bei einer späteren Tour mit seinem Bus abgestürzt.

Alma-Ata, diese Montage bleibt mit ihren Höhen und Tiefen eine starke Erinnerung. Bei den Vorbesprechungen zu diesem Orgelbau wurde Alma-Ata übrigens noch zum gemeinsam-schönen Frühlingstag für das Ehepaar Schuke. Ein Nesthäkchen und letzter Nachkömmling erinnert an die sonnigen Tage (sie ist heute eine liebe und kluge Medizinerin).

Alma-Ata, das waren sonnendurchglühte Tage, das war Schaschlyk, das waren Stunden bei Reinhold und seiner Familie (Wolgadeutsche mit fürchterlichen Schicksalen).

---

* An dieser Stelle möchte ich aber einschieben, daß mir in meiner Intonationslaufbahn und als „Reisekader“ mehrfach diese Schnüffler begegnet sind – in Alma-Ata ebenso wie in Köln-Müngersdorf, Olpe-Biggesee usw. Nur war das dann immer eine andere Firma!

• 4 стр. • «ВЕЧЕРНЯЯ АЛМА-АТА» • 19 октября 1968 г. •

ХРАНИЛИЩЕ ЗВУКОВ

Abb. 34. Bericht in der Tageszeitung von Alma-Ata über die neue Orgel.
(links Orgelpfleger Jura, rechts Orgelpfleger Viktor)

Zu Alma-Ata gehört auch das Kennenlernen der Baptistengemeinde. Mühselig schrieben sie ein ur-uraltes Gesangbuch mehrfach ab, weil unendlich große Not an geistlicher Literatur herrschte. Gut, daß sie nie die Berge von vergammelten Gesangbüchern in mancher unserer Kirchen sehen konnten.

Alma-Ata, das war auch Lenotschka, die unbedingt vom Kollegen Hans geliebt werden wollte! Hans war bei unseren Vorgängern auf der technischen Montage. – Vorbei! Es ging in Richtung Heimat.

Fünf Stunden bis Moskau und zwei Stunden bis Berlin. Diese Flugzeiten und Entfernungen ergeben gut und gerne eine Reise nach Amerika. Trotz dieser zurückgelegten riesigen Strecke waren wir noch nicht in der Mitte des großen Landes, der damaligen UdSSR. Trotzdem war man auf solche weiten Reisen mit ihren Bildern und Erlebnissen stolz.

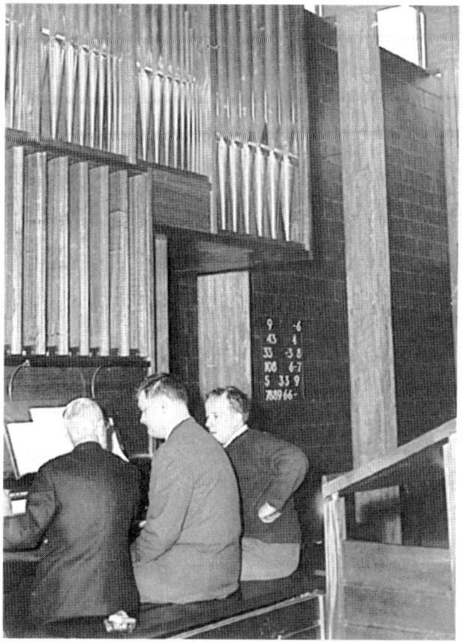

Abb. 35.

Abb. 36.

Calvin-Kirche Düsseldorf, Vorabnahme durch den Chef
Schuke, Zwirner, Catenhusen

Abb. 37.

Abb. 38.

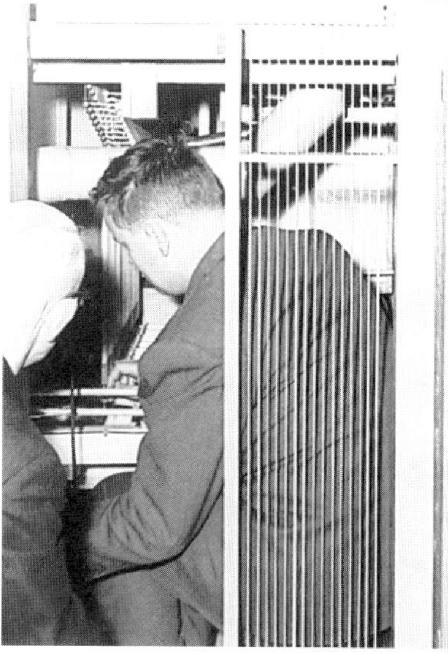

Sind Sie der berühmte Schuke?

Ob in Ost oder West, Hans-Joachim Schuke gab immer wieder Anlaß, über die Vielfarbigkeit seines Wesens und Charakters zu staunen. Seine Vorliebe, der Mittelpunkt aller Gespräche und Diskussionen zu sein, war eine Leidenschaft von ihm. Es kam vor, daß man mit ihm im vollen D-Zug-Abteil saß und es ihm zum Vergnügen wurde, uns in seine nächsten Vorhaben einzuweihen. Alles schön laut und deutlich.

„Ja meine Herren, Sie glauben ja nicht, wie fix und fertig ich bin. Vorgestern war ich noch in Düsseldorf, gestern in Wuppertal, heute reise ich mit Ihnen nach Stralsund und übermorgen gehts schon wieder nach Moskau. Da bahnt sich was für Irkutsk an. Na, danach wirds auch nicht ruhiger, denn für wichtigen Bürokram bleiben nur zwei Tage und Nächte, dann muß ich unbedingt nach Genf reisen!"

Abb. 39.
In Düsseldorf (1965)

Die ganze Rede wurde mit kräftigen Zügen aus seiner Spitze untermalt. Sein hoffender Blick streifte die Mitreisenden, ob auch jeder mit Ehrfurcht lauschte.

Hans-Joachim Schuke wurde zum glücklichsten Menschen, wenn endlich jemand zaghaft den Mund aufmachte und fragte: „Sie entschuldigen, ich habe ja Ihr Gespräch mit anhören müssen, bitte sagen Sie mir doch nur, was und welche interessante Tätigkeit üben Sie aus, wo einem solche Reisen ermöglicht werden?!"

Menü
-.-.-.-

Hühnercrémsuppe

Kalbsmedaillons "Geisha"
mit Ananas, Kirschen,
Mandarinen überbacken
pommes frites

Vanille-Eis mit heißen Kirschen

D'dorf, 4.Dez.1966 Hotel Querling

Festessen zur Orgelweihe der Kreuzkirchenorgel

Abb. 40. Gedenken an ein gutes Essen.

Der Prinzipal 16' wurde zwar nicht mit Wein gefüllt, aber das gekonnte Essen bei der Orgeleinweihung der Kreuzkirche Düsseldorf in sehr gepflegter Umgebung war auch nicht schlecht.
Das Hotel Querling war immer Schukes Quartier in Düsseldorf.

Jetzt öffneten sich die Schleusen seiner gewaltigen Beredsamkeit, und es kam der Augenblick, wo Tilo und ich schnell mal zum Beinevertreten auf den Gang hinausgingen. Man mag heute darüber lächeln. Aus der Entfernung und mit Abstand gesehen bin ich der Überzeugung, daß er nicht protzen und angeben wollte. Er lebte so in seinem Beruf, seinen Erfolgen und dem Durchbruch zur Orgelbau-Elite, daß eben alle Welt daran teilhaben sollte (vielleicht auch mußte!).

Zu Wuppertal in der Alten Reformierten Kirche stand er bei einer Montage-Inspektion gerade vor den Altarstufen und hörte sich erste Intonationsergebnisse an. Der Zufall wollte es, daß in die Kirche ein Besucher kam, der ihn wohl schon mal gesehen hatte, aber sich nicht so ganz an die Person des Chefs erinnern konnte. Er ging den Mittelgang auf Schuke zu, und sichtbar kam ihm die richtige Erleuchtung, so daß er freudig und laut rief: „Sind Sie der berühmte Schuke?" Mit ruhiger Gelassenheit und der sonoren Stimme eines ruhmbedeckten Weltreisenden antwortete er schlicht: „Ja, der bin ich!"

Ein Bild, ein historischer Augenblick, eine nachdenkenswürdige Situation. Was sollte er auf die Frage des Besuchers antworten? Er war so überrascht, daß er gar nicht auf die Idee kam oder kommen konnte, hier in abwehrenden Worten rumzueiern. Na, wohlgetan hat es ihm, denn beim späteren Kaffeetrinken und der Auswertung war er bestens aufgelegt.

Wenn ich hier so manche Schwäche und Kuriosität aufzähle, so soll das auf keinen Fall posthum ein Angriff auf seine Würde und Person sein. Im Gegenteil, mein Anliegen ist, ihn als Künstler und Menschen zu zeigen, der wirklich schon zu Lebzeiten denkmalwürdig war.

Natürlich gab es im Hause und Büro Schuke auch viele Tage, wo alles normal und obernormal ablief. Diese farblosen Stunden lagern

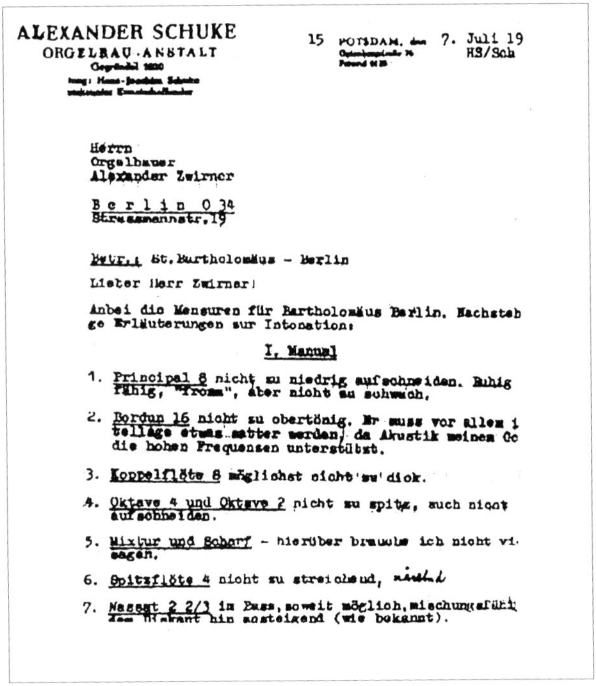
ALEXANDER SCHUKE
ORGELBAU-ANSTALT

15 POTSDAM, den 7. Juli 19
HS/Sch

Herrn
Orgelbauer
Alexander Zwirner

Berlin O 34
Strassmannstr. 19

Betr.: St. Bartholomäus - Berlin

Lieber Herr Zwirner!

Anbei die Mensuren für Bartholomäus Berlin. Nachsteh
ge Erläuterungen zur Intonation:

I. Manual

1. Principal 8 nicht zu niedrig aufschneiden. Ruhig fähig, "Fromm", aber nicht zu schwach.
2. Bordun 16 nicht zu obertönig. Er muss vor allem i teillage etwas satter werden, da Akustik meines Gc die hohen Frequenzen unterstützt.
3. Koppelflöte 8 möglichst nicht zu dick.
4. Oktave 4 und Oktave 2 nicht zu spitz, auch nicht aufschneiden.
5. Mixtur und Scharf - hierüber brauche ich nicht vi sagen.
6. Spitzflöte 4 nicht zu streichend, näselnd
7. Nasat 2 2/3 im Bass, soweit möglich, mischungsfähi zum Diskant hin ansteigend (wie bekannt).

Abb. 41. Intonationsanweisungen. Bartholomäuskirche Berlin

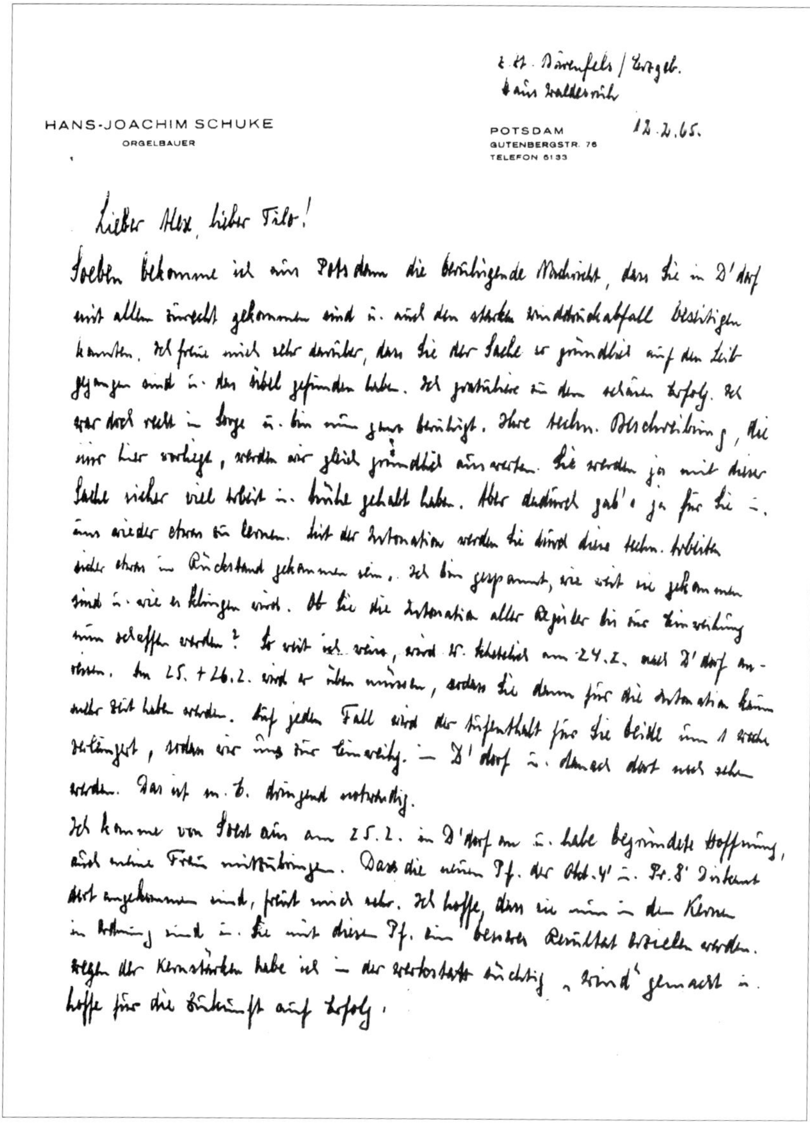
z. Zt. Bärenfels / Erzgeb.
Haus Waldesruh

HANS-JOACHIM SCHUKE
ORGELBAUER

POTSDAM
GUTENBERGSTR. 76
TELEFON 6133

12.2.65.

Lieber Alex, lieber Tilo!

Soeben bekomme ich aus Potsdam die beruhigende Nachricht, dass Sie in D'dorf mit allem zurecht gekommen sind u. auch den starken Winddruckabfall beseitigen konnten. Ich freue mich sehr darüber, dass Sie der Sache so gründlich auf den Leib gegangen sind u. den Übel gefunden haben. Ich gratuliere zu dem schönen Erfolg. Ich war doch recht in Sorge u. bin nun ganz beruhigt. Ihre techn. Beschreibung, die mir hier vorliegt, werden wir gleich gründlich auswerten. Sie werden ja mit dieser Sache sicher viel Arbeit u. Mühe gehabt haben. Aber dadurch gab's ja für Sie u. uns wieder etwas zu lernen. Mit der Intonation werden Sie durch diese techn. Arbeiten sicher etwas in Rückstand gekommen sein. Ich bin gespannt, wie weit Sie gekommen sind u. wie es klingen wird. Ob Sie die Intonation aller Register bis zur Einweihung nun schaffen werden? So weit ich weiss, wird W. Schetelich am 24.2. nach D'dorf anreisen. Am 25. + 26.2. wird er üben müssen, sodass Sie dann für die Intonation kaum mehr Zeit haben werden. Auf jeden Fall wird der Aufenthalt für Sie beide um 1 Woche verlängert, sodass wir uns zur Einweihg. — D'dorf u. danach dort noch sehen werden. Das ist m. E. dringend notwendig.

Ich komme von Soest aus am 25.2. in D'dorf an u. habe begründete Hoffnung, auch meine Frau mitzubringen. Dass die neuen Pf. der Okt. 4' u. Pr. 8' Diskant dort angekommen sind, freut mich sehr. Ich hoffe, dass sie nun in den Kernen in Ordnung sind u. Sie mit diesen Pf. ein besseres Resultat erzielen werden. Wegen der Kernstärken habe ich in der Werkstatt richtig „Wind" gemacht u. hoffe für die Zukunft auf Erfolg.

Abb. 42. Brief aus Bärenfels, 1965

im Hinterkopf, man weiß, sie sind gelebt worden, als Zeit der Entspannung und des Kräftesammelns.

Ein unruhiger und ständig sich in Aktion befindlicher Mensch wie Hans-Joachim Schuke war eigentlich kaum in Urlaubstagen vorstellbar. Ich gebe zu, persönlich habe ich ihn nie faulenzend am Strand liegen sehen. Da er aber gerne von seinen Urlaubsstunden schwärmte, mögen sie hier aus sekundärer Sicht anklingen.

Für Schuke gab es zwei Haupturlaubsorte. Zu den Sommerferien ging es auf die Insel Hiddensee (für Normalsterbliche in jener Zeit ohne Beziehungen beinahe unmöglich).

Wolfgang Theer – später Max Thiel – fuhr immer die ganze Familie mit Sack und Pack zum Schiff nach Stralsund und stand auch bei Urlaubsende wieder brav am Ufer. Nur im Jahr 1961 stand sein getreuer Wolfgang Theer nicht da. Er hatte sich durch Grenz- und Landeswechsel dem Potsdamer Hause Schuke entzogen.

Wer die Insel Hiddensee kennt, kann verstehen, daß es für ihn keinen anderen Urlaubsort geben konnte. Dazu kam natürlich noch, daß alle Welt, in diesem Falle sind die mit viel Geld und Beziehungen gemeint, auch auf diesem Eiland Erholung suchten. Schauspieler, Musiker und Leute von Rang und Namen haben dort ihr „bescheidenes" Häuschen gebaut. Zum Beispiel hat das Anwesen und die Eselaufzucht von Regisseur Walter Felsenstein bei allen Inseltouristen immer großes Erstaunen hervorgerufen.

Hans-Joachim Schuke suchte und fand seine Entspannung bei Badeleben und Wanderungen auf der Insel. In kultureller Hinsicht erfreute er sich an Kirchenkonzerten (natürlich mechanische Schuke-Orgel und Grundlage aller Ferienkontakte), die oft von Dietrich W. Prost, dem Organisten von St. Marien, Stralsund, ausgeführt wurden. Er traf viele bedeutende Leute und fand große Bereicherung seines Weltbildes. Sein Vorrat an Erzählmöglichkeiten wurde aufgestockt. Er schwärmte von seinen Wanderungen und den Sonnenuntergängen. Die Choräle „Die güldene Sonne" und „Brich an, du schönes Morgenlicht" wurden ihm auf diesem Fleckchen Erde verständlich. Er wäre nicht der sensible Schuke gewesen, wenn ihn Schönheit und die reizende Natur nicht berührt hätten.

Für den Winterurlaub, meistens in den Schulferien, bevorzugte er Bärenfels im Erzgebirge. Hier kann man nur hoffen, daß er sich auch mal einen Rodelschlitten ausgeliehen hat und mit den Kindern zu Tale rauschte. Doch da er sich zu diesem Urlaub immer einen Berg Akten einpacken ließ, wird wohl Mutter Schuke manche Tour mit den Kindern alleine gemacht haben.

Hier muß man immer wieder mit Bewunderung das diplomatische Geschick von Gerda Schuke erwähnen; denn bequem und pflegeleicht war ihr Ehemann nicht! Besonders, da Schuke ganz alttestamentarisch der Patriarch seines Hauses war. Sein Wort war bestimmend. Frau Gerda hat aber mit Geschick nach dem Motto vieler kluger Frauen gehandelt: „Recht hat mein Mann, aber ich tue doch was ich will!"

Das Thema Frau! Über viele Stunden konnte er dazu tiefschürfend und gut dozieren. Wollte man ihn aufziehen, genügte das Stichwort: Frau im Talar und auf der Kanzel! So er guter Laune war, demonstrierte er in höchster Kunst eine Frau im Talar. Philosophisch bewies er dann, daß sie bei der Wortverkündigung nichts zu suchen hätte. „Das Weib hat im Tempel zu schweigen" – nach solcher Vorführung wäre es unmöglich gewesen, nicht zu Anhängern seiner Theorie zu werden! Vater Schuke war schon eine interessante Schule. Zumindest wurde in seiner Umgebung der Kopf und das Denken in Bewegung gehalten.

Abschalten

Die Jahre gingen ins Land. Der politische Kurs gegenüber den größeren Handwerksbetrieben wurde schlimmer. Mancher Kollege verließ die „große Familie“ Schuke. Eine Tatsache, die ihn erstaunlicherweise nie erschütterte. Mit der Bemerkung „Reisende soll man nicht aufhalten“ war zumindest rein äußerlich die Sache erledigt.

Wie dann die Verstaatlichung des Betriebes in Sicht kam, als innerbetrieblicher Ärger, wie die Eigenwilligkeit einiger Kollegen, ihm Schaffensfreude und Kraft nahmen, wurden Wünsche wie „Fahrt mich doch zum Friedhof“ oder „Macht doch Euren Scheißdreck alleine, ich gehe wieder mit dem Rucksack über die Dörfer“ immer öfter laut. In den letzten Lebensjahren erlebte er viel Bitterkeit. Die „große Familie“ verlor nach und nach ihren Charakter.

Die Umstände der Zeit und das daraus resultierende gesellschaftliche Leben veränderte auch die Auffassung vom Idealismus im Orgelbau. Der Reiz der Montagen war dem Anreiz des eigenen Gärtchens gewichen. Die attraktiven Auslandsmontagen, besonders die in Richtung Westen, blieben nur wenigen Kollegen vorbehalten.

Die Lebensmittelkarten waren abgeschafft, damit lockte auch das beliebte Durchfressen beim Bauern nicht mehr. Es trat irgendwie eine sehr depressive Phase ein. Dazu kam, daß die Gehälter im Orgelbau nie berückend waren, so daß manch guter Orgelbautischler in der Industrie sein Glück versuchte. Und wer jetzt Reiselust hatte, fand nun hin und wieder beim Staatlichen Reisebüro was für sich.

Private Reisen in die Sowjetunion und an das Schwarze Meer waren inzwischen möglich geworden. Montagedienst blieb deshalb im Laufe der Zeit einer kleinen, aber guten Stammtruppe überlassen.

Doch noch war Hans-Joachim Schuke im Amt!

Als Noch-Firmeneigner und später als angestellter Direktor im ehemaligen Eigentum legte er immer Wert auf möglichst niveauvolle Betriebsfeste, die ein Abschalten vom Werktag, aber auch das Miteinander fördern sollten.

Zur Zeit meiner Lehre und bis in die Mitte der Sechzigerjahre erlebte ich Hans-Joachim Schuke in seiner besten Schaffenskraft und Daseinsfreude. Diese seine Lebensfreude zeigte sich dann auch in vorsichtiger Ausgelassenheit bei den großen „Familienfeiern". Nie ließ er es sich nehmen, auf diesen Festen einen Chinesensong zu singen, der mit immer schneller werdendem „tsching, tscheng, tschong" und anderen östlich klingenden Lauten abschloß. Zum Höhepunkt des Festes kreierte H.J.S. noch einen gekonnten Handstand vor seinen Mitarbeitern.

Natürlich wurde auch ordentlich gebechert und gefuttert. Welcher Orgelbauer tut dies nicht gerne? Trotzdem fand ich es immer wieder sehr erstaunlich, daß es ganz selten üble Schnapsleichen gab.

Kulturelle Einlagen verschönten manches Fest. Auch Beiträge, die von Kollegen vorgetragen wurden, waren keine Seltenheit. Ganz besonders gelungen war mal eine Pseudo-Oper mit dem Text zu Max und Moritz, die von Fritze Schaper und Volkmar Pucher interpretiert wurde.

Die Betriebsfeste im Hause Schuke waren in der Qualität unterschiedlich, aber trotzdem immer ein gemütliches Beisammensein. Es wurden aufgestaute Abstände zwischen den Monteuren und den Kollegen aus der Werkstatt abgebaut. Man trank ein freundliches Bierchen miteinander und hatte dabei gute Gelegenheit, manch' selten gesehenen Kollegen von der guten Funktion seiner hergestellten Mechanik oder Pfeifen zu berichten.

Betriebsfeste wurden immer an verschiedenen Orten abgehalten. Einmal ging es per Bus in den Harz. Es gab eine schöne Wanderung an der Bode, eine Besichtigung der Grotten zu Rübeland. Abschließend saß man bei Musik und Tanz in einer schönen Gaststätte bis in den späten Abend.

Heute denke ich gerne mit leichtem Schmunzeln, wie auch bei solcher Gelegenheit Vater Schuke gerne belehrte. Beim Aufstieg vom Bodetal auf die umliegenden Höhen erzählte und demonstrierte er sehr rüstig, wie Bruder Karl und er solche Höhenunterschiede mit weitausholenden und ruhigen Schritten bezwungen hatte. Er wies darauf hin, daß beim Bergsteigen die Kraft in der Gleichmäßigkeit und Ruhe liegt. Aber recht hatte der Mann!

Betriebsfeste wurden auf Schiffen der Potsdamer Flotte oder in Gaststätten rund um die Stadt abgehalten. War die Finanzlage besser, wurde ein entferntes Ziel angesteuert. Viele „Familientreffen" habe ich erlebt, sie waren immer irgendwie anders als das vorherige. Nichts ging nach Schablone, bis auf Punkt eins, die Festrede und Punkt zwei, der Abschluß.

Seine Worte an die Mitarbeiter wurden mit der Zeit Wiederholung (wie sollte es auch anders sein). In der Festansprache galt seine Sorge der großen Orgelbauerfamilie. Das große gemeinsame Anliegen der Orgelbauer wurde stets mit bewegten Worten beschworen. Wir wurden zu Idealismus, Fleiß und Treue zum Beruf aufgefordert. Es gab Dankesworte, Auszeichnungen und Ehrungen. Alte Mitarbeiter, die immer eine Einladung erhielten, wurden begrüßt, und endlich war die Rede des Chefs zu Ende. Es ging zum Festessen, zu Bier, Wein und Tanz. Bei allen Betriebsfesten, zumindest jenen, die ich im Hause Schuke erlebt habe, wurde zum

Schluß ein großer Kreis gebildet und alle sangen das Lied: „Ade nun zur guten Nacht". Hier war ein alter Zopf sichtbar, der von einigen jüngeren Kollegen oft belächelt wurde. Ich habe dieses liebenswürdige Stückchen Tradition immer geschätzt und hoffe, daß Sohn Matthias hier in *Vatans Fußstapfen* bleibt.

Sehr interessante und gute Zusammenkünfte gab es, wenn in der Gutenbergstraße 76 privat gefeiert wurde. Ich habe solche Stunden in angenehmer Erinnerung. Familie Schuke wohnte in den oberen Räumen des Hauses. Alles war mit Geschmack eingerichtet. Kunstwerke, Vasen und Bücher gaben den Räumen eine persönliche Note. Es gab keine Möbelmassenware, sondern Mobiliar aus verschieden Zeiten, sehr liebevoll zusammengestellt.

Durch einen kleineren Vorraum kam man in ein großes, lichtdurchflutetes Zimmer, in dem dann in fröhlicher Runde getafelt wurde. Diese Stunden, die ich leider sehr selten erlebte, waren ungezwungen und heiter. Frau Gerda Schuke war eine sehr gute Gastgeberin, die wußte, wie gut es ihren Orgelbauern tut, wenn sie ihre Beine unter einen gut gedeckten Tisch stellen konnten.

Gastlichkeit war für Familie Schuke eine Selbstverständlichkeit. Wenn es mit der Heimfahrt mal nicht mehr klappte, wurde ohne Umstände ein Nachtquartier angeboten. Kam man überraschend ins Haus, schnell wurde ein weiteres Gedeck aufgelegt. Bei Schukes war man in einem echten gastlichen Orgelbauerhaushalt.

Wie bei allen Gelegenheiten, so wurde auch an H.-J. Schukes eigener Tafel heiß und gut diskutiert. Je nach Laune und Stimmung waren es heitere und besinnliche Themen. In seinen guten Stunden habe ich ihn heimlich mit Friedrich II. verglichen. Dieser König schöpfte aus Heiterkeit und philosophischen Gesprächen neue Kraft für seine Arbeit.

Schwarz- und Weißbrot

Besonders gerne mochte Hans-Joachim Schuke Gespräche über Kunst. Sein gutes Wissen auf diesem Sektor war teilweise hart erarbeitet, teils aus Fachgesprächen mit anderen gelernt oder manchmal bei Diskussionen am Rande gehört und übernommen. Es gab dadurch kaum ein Wissensgebiet, wo er nicht mitreden konnte (und bei Bedarf war er hier ein großer Spezialist in der Improvisation).

Abb. 43.
Karl Ludwig Schuke

Er mochte nichts Gekünsteltes. Als Kind erfuhr er schon vom Vater die Anfänge der Orgelbewegung, die sich von den romantischen Klängen der Jahrhundertwende lossagte. Unter der künstlerischen Leitung der Gebrüder Karl und Hans-Joachim Schuke wurde die Rückbesinnung zu barocken Klängen und Techniken des Orgelbaus sehr stark gefördert und verbessert. Später, als alleiniger Inhaber der Potsdamer Orgelbauanstalt ging Hans-Joachim Schuke konsequent diesen Weg mit großem Erfolg weiter.

Abb. 44.
Hans-Joachim Schuke

Erst in seinen letzten Jahren wurde er zu Kompromissen in Richtung der sich neu anbahnenden weichen Wellen bei Orgelklängen gedrängt. Er machte mit, aber sein künstlerisches Empfinden wurde dadurch gekränkt. In der Hauptzeit seines Schaffens gab es klanglich nur das gesunde „Schwarzbrot". Romantische Klänge waren für ihn verweichlichtes „Weißbrot". Für H.J.S. war die Musik von Richard Wagner der Höhepunkt aller musikalischen Scheußlichkeit. Diese Musik war Weißbrot!

Der Chef konnte sich fürchterlich über die Klangkaskaden der Geigen im Pilgerchor des Tannhäuser aufregen. „Das ist ja nur ein einziges tschip tschip, ein echtes Unkenntlichmachen des musikalischen Gedankens. Wo bleibt die Klarheit, wie sie so wunderschön in einer Triosonate oder Fuge bei Bach zu finden ist?"

Als höchstes Unglück erschien ihm deshalb die Zeit des Orgelbaus, in der man Instrumentierungen der Wagner'schen Klänge bei den Orgelregistern suchte, wo man neues (romantisches) Pfeifenwerk voller Kunst erfand und baute.

Wenn ich daran denke, daß es heute eine hervorragende, für Orgel bearbeitete CD-Aufnahme mit Wagners „Ritt der Walküren" gibt? Hans-Joachim Schuke würde das Herz bluten, besonders, weil die Intonationsarbeiten des eingespielten Instrumentes von seinem Meisterschüler Jann ausgeführt wurde! Georg Jann schätzt diese CD-Aufnahme sehr. Ach Vater Schuke, wie hat sich die Zeit verändert!

In Sachen Kunstauffassung hielt er sich streng an seine sich selbst verordneten Grenzen. Als ich es einmal wagte, die Techniken der romantischen Intonation (und die sind sehr schwierig!) zu loben, bekam ich eine kernige Abfuhr. Davon wollte er nichts hören. Später hat man diese oder jene Technik heimlich verwendet, weil auch die besten barocken Klänge mit einem Trick der erfindungsreichen Romantik schneller und einfacher zu erzeugen sind.

Hans-Joachim Schuke erzählte oft, daß es für die Kunstgeschichte ein Glück war, daß die Domgemeinde zu Brandenburg immer arm an Geldmitteln war. Dadurch hatte man nie die Möglichkeit zu einem Neubau und gravierenden Änderungen. Die wunderbare Orgel von Joachim Wagner blieb so weitgehend erhalten.

Heute kann man ähnliches erzählen: In diesem Jahr erklingt nach einer unendlich langen Zeit des Schweigens die Orgel im Berliner Dom wieder, ein romantisches Prachtwerk des Hauses Wilhelm Sauer. Für die Kunstwelt ist es ein Glück, daß die Mittel für den Wiederaufbau des Domes erst in den Achtzigerjahren zu fließen begannen. Die Orgelbaupläne von Hans-Joachim Schuke aus den Zeiten seiner strengen klassischen Schaffenszeit hätten den „alten Sauer" wahrscheinlich bis auf das wertvolle Gehäuse restlos abgeräumt! (Diese Aussage muß ich unter Vorbehalt machen, weil diese Informationen zwar aus honorigen Quellen stammen, aber für mich nicht nachprüfbar sind).

Hier zeigt sich wieder, wie schwer es sich die Deutschen mit der Bewältigung ihrer Vergangenheit machen, ganz gleich, ob Kunst oder Politik. Eine Kleinigkeit mehr Respekt vor dem Wirken unserer Vorfahren, und manches gute kulturelle Stück wäre erhalten geblieben.

In allen Kunstrichtungen sollte man Mut zur Vergangenheit haben. Man könnte ein Denkmal, sollte es nicht mehr in die Zeit passen, mit Efeu zuwachsen lassen, aber man sollte es erhalten! Ebenso hat und hatte ein gutes romantisches Orgelwerk seine Daseinsberechtigung. Hier sind Mittel von vielen Spendern eingeflossen, die auch nicht einfach durch die Sinneswandlung eines praktizierenden Künstlers abgeschrieben werden sollten. Sicher, das ist ein heißes Thema!

Fakt ist: Um die Jahrhundertwende – und weit bis in unsere Tage – wurde mit Hurra manche künstlerisch hochwertige Orgel abgehackt. Auch das Haus Schuke folgte diesem Trend. Einesteils waren es wirklich die damaligen künstlerischen Erkenntnisse, manchmal aber auch die Notwendigkeit der Arbeitsbeschaffung (sieht es nicht leider heute auch schon wieder so aus?). Ein Neubau bedeutete für viele Kollegen Lohn und Brot und sicherte gleichzeitig den Fortbestand des Betriebes.

Auf jeden Fall war es für mich sehr interessant, wie H.J.S. das Glück Brandenburgs nicht genug preisen konnte, aber selber hart mit der Arbeit der Väter und Vorväter aus der Romantik ins Gericht ging. Aus Gründen der Gerechtigkeit sei aber doch gesagt, daß er wohl ganz leise in seinen letzten Jahren, befreit vom jugendlichen Sturm und Drang, etwas mehr Verständnis für seine künstlerischen Vorfahren aufbrachte.

Deshalb sei hier der Meister mit allem Respekt zitiert, der oft und zu mancher Gelegenheit sagte:

„Kunst läßt sich nicht befehlen!“

Ein wahres Wort. Ob heute alles richtig gemacht wird? Bestimmt nicht. Die heutige Orgel ist eine Kompromißlösung, der alle Stilrichtungen abverlangt werden. Ist dies der richtige Weg? Unterwirft sich hier der Orgelbauer wieder zu sehr der Marktwirtschaft bzw. den Wünschen der Kunden?

In der Zeit des Schaffens von H.J.S. mußte der Kunde teilweise bis zu zehn und mehr Jahre auf ein neues Instrument warten. Der Chef konnte sich bei solcher Nachfrage die Ablehnung von Kunden erlauben. Unbequeme und seiner Klangkonzeption nicht entsprechende Vorstellungen duldete er nicht.

Hier sei als Einschub der Gedankengang von KMD Heinig aus Berlin-Köpenick, Organist an der St. Laurentiuskirche, sinngemäß zitiert: „Heute (Nach-Wendezeit/Marktwirtschaft) würde ich mir solch ein Diktat vom alten Schuke nicht mehr gefallen lassen!“. Heinig trat seine Stellung in Köpenick an, als die Orgelbauverhandlungen schon weit gediehen waren. Seine Wünsche, wie der Einbau eines Schwellwerkes und, statt engem Krummhorn 8', ein etwas wärmer klingendes Zungenregister im Brustwerk, wurden nicht akzeptiert. Mit Bemerkungen wie: „Ich baue Ihnen eine Orgel, auf der Sie vernünftige Kirchenmusik machen können!“ wurde die Sache vom großen Meister abgetan.

An dieser Stelle sei erwähnt, daß KMD Heinig seine Schuke-Orgel auch heute noch sehr gerne spielt. Die Orgel wurde am letzten Adventssonntag 1963 eingeweiht (übrigens dem Tag, an dem erstmals nach dem Bau der Mauer eine Besucherregelung für Bürger West-Berlins in Kraft trat; für viele Menschen eine große Freude zum Weihnachtsfest).

Aus heutiger Sicht muß man ehrlich feststellen, daß die gelungene Orgel in St. Laurentius mit der Erfüllung der Wünsche des Organisten ihr „i-Tüpfelchen“ erhalten hätte. Der Schweller wäre eine echte Bereicherung gewesen.

Ja, Hans-Joachim Schuke war, was die Durchsetzung seiner Ideale anbelangte, in einer glücklichen Lage. Er war zwar immer zu Kompromissen bereit, aber in jenen ersten Jahren seiner Tätigkeit nach dem Kriege war ihm ein Schweller ein Greuel. Ein Bau dieser Spielhilfe wurde nach Möglichkeit vermieden. Basta!

Es sollte aber nicht unerwähnt bleiben, daß andere Firmen auch ihr eisernes Konzept hatten. Auf diese Weise entstanden in der Orgellandschaft Ostdeutschland heimatverbundene Orgeltypen. Die Instrumente der Firmen Jehmlich, Sauer, Schuster, Eule und Schuke waren echte klangliche Kinder ihrer Erbauer.

Wie schwer hat es doch jede Betriebsführung! Es gilt, die Entscheidung zu einem richtigen Weg zwischen künstlerischem Markenzeichen und der sicheren Wirtschaftsführung des Hauses zu finden.

Seine Welt

Es ist und bleibt ein musikalisches Phänomen, daß überwiegend jeder komponierende Musiker für die technischen und klanglichen Möglichkeiten eines (seines) Instrumentes schreibt. Bei Neuschöpfungen für die Orgel aber wird erwartet, daß das Instrument sich nach den Wünschen des Komponisten richtet! Es wird artfremder Schnickschnack verlangt. Geht eine Orgelklaviatur von C bis g^3, dann ist solch ein neues Opus vielleicht bis in die Höhe von c^4 eingerichtet. Geige, Klavier und Waldhorn, Kuckuck, Nachtigall, Harmonium usw. sind schon als Zubehör in Orgeln gefunden worden, Zugeständnisse, die bestimmt nicht immer im Sinne der Orgelbauer waren.

Hans-Joachim Schuke machte es kurz und sagte mal zu mir: „Ich bin nicht für das Elektronium (er sagte nie Elektronen-*Orgel*), aber solchen Leuten empfehle ich es!“

In Sachen Kunst hatte sich Schuke eine eigene Welt aufgebaut. Was er nicht so recht begreifen konnte, was zu abstrakt und neumodisch war, stopfte er unter die Rubrik: „Scheißdreck!“ Einen Picasso hätte er wegen des hohen Wertes genommen, ob er sich aber das Bild an die Wand gehängt hatte? Auf jeden Fall wäre es nicht ins Wohnzimmer gekommen.

Ähnlich war sein Verhalten in der Musik. Erst später, besonders durch den Einfluß seines Schwiegersohnes, des Musikdozenten Professor Schetelich aus Leipzig, lernte er auch einen Widor, César Franck, Messiaen und einige andere Männer der halbwegs neueren Musik zu schätzen.

Manchmal brauchte er nur den richtigen Anstoß, um Neues zu akzeptieren. Nun, wem geht dies nicht so? KMD Kümpel aus Erfurt (Ahrens-Schüler), Frau Professor Almut Rößler/Düsseldorf (Verehrerin von Messiaen), KMD Piasetzki/Berlin und viele andere honorige Organisten führten ihm, vielleicht bei Abnahmen und Einweihungen, vor, daß nicht nur Bach, Händel und Buxtehude Musik geschrieben haben.

Hans-Joachim Schuke korrigierte so im Laufe der Jahre seine starre ablehnende und einseitige Haltung. Er ließ dann auch manchen „Modernen" gelten. Im Herzen aber war und blieb seine Vorliebe für die alten Meister, Leute wie der Orgelbauer Wagner, die Musiker Bach und Händel oder die alten Baumeister und Maler von Potsdam. Das war und blieb seine Welt.

Bei Musikstücken liebte er die schlichte Registrierung. Die Passacaglia von Bach mußte möglichst mit einem gut tragendem Prinzipal 8' beginnen. Nach wie vor dachte er dabei an das Grundregister im Hauptwerk der Wagner-Orgel des Domes zu Brandenburg. Dieser Prinzipal war und blieb bis an sein Lebensende sein klangliches Leitbild.

Die großen Passionen von Bach, die Orgelkonzerte von Händel, Choralvorspiele, Kantaten und Oratorien der alten Meister: das waren seine Lieblingsmusiken. Es konnte deshalb nicht verwundern, daß zum 150-jährigen Betriebsjubiläum der Potsdamer Orgelbauanstalt eine Bach-Kantate aufgeführt wurde.

In einem festlichen Konzert am 6. November 1971 in der Erlöserkirche Potsdam wurde im Beisein vieler geladener Gäste die herrlich strahlende Bach-Kantate: „Jauchzet Gott in allen Landen" aufgeführt. Dieses Stück liebte Hans-Joachim Schuke sehr. Ganz besonders, wenn es von seiner Mitbürgerin Adele Stolte mit jubelndem Glanz gesungen wurde.

Sehr interessant war sein Verhältnis zu anderen Instrumenten. Hier hatte er sehr eigene Ansichten. Sein berufliches Interesse für andere Klangkörper war gering. Cembali, Clavichorde und Spinette

Sonnabend, den 6. November 1971, 18.00 Uhr
Erlöserkirche Potsdam
Nansenstraße

FESTKONZERT

aus Anlaß des 150jährigen Bestehens
der Potsdamer Orgelbauanstalt

Abb. 45.1. Festprogramm der Potsdamer Orgelbauanstalt, 1971, S. 1

AUSFÜHRENDE

Adele Stolte, Sopran

Wolfgang Schetelich und Friedrich Meinel, Orgel

Willi Krug, Trompete

Iwan Konstantinow und Horst Pietsch, Violine

Continuo:

Bodo Rust, Violoncello — Lothar Hampe, Baß

Wolfram Iwer, Orgel

Mitglieder des Rundfunk-Sinfonieorchesters Berlin

Leitung:

Ekkehard Tietze

150 JAHRE ORGELBAU IN POTSDAM

Abb. 45.2. Festprogramm der Potsdamer Orgelbauanstalt, 1971, S. 2

PROGRAMM

Max Reger (1873–1916)	Introduktion und Passacaglia f-Moll (opus 63)
Paul Hindemith (1895–1963)	2. Sonate (1937) Lebhaft Ruhig bewegt Fuge – mäßig bewegt, heiter
Olivier Messiaen (geb. 1908)	Aus „La nativité du seigneur": „Dieu parmi nous"
	Orgel: Friedrich Meinel
Joh. Seb. Bach (1685–1750)	Kantate „Jauchzet Gott in allen Landen" für Sopran, Trompete, Streichorchester und Orgel-Positiv (BWV 51)
Joh. Seb. Bach	Sonate G-Dur (BWV 530) Vivace Lento Allegro
Joh. Seb. Bach	Passacaglia und Fuge c-Moll (BWV 582)
	Orgel: Wolfgang Schetelich

Abb. 45.3. Festprogramm der Potsdamer Orgelbauanstalt, 1971, S. 3

waren für ihn eine andere Welt. Seine Sphäre war und blieb die Orgel, vom Morgen bis zum Abend! Er wußte, daß barocke Orgelbaumeister mit Erfolg an anderen Tasteninstrumenten experimentiert haben. Er respektierte diese Kunst. Trotzdem waren es für ihn Drahtkästen, die ihren Klang nicht mit lebendiger Luft erzeugten. Sein Wissen über Mensuren und Technik dieser Instrumente war dünn.

Freude hatte er an Flöten, Pauken, Hörnern. Ganz besonders mochte er die barocke Oboe. „Empörend" bezeichnete er Posaunen, die für die Musik von Richard Wagner mensuriert waren.

Wie weit bei den Schukes Hausmusik praktiziert wurde, weiß ich leider nicht. Die Kinder hatten zwar Unterricht, aber ob da viel Zeit blieb, um mit Mutter und Vater besinnliche Klänge aus Klavier und Flöte zu locken?

Hans-Joachim Schuke hörte gerne Schallplatten, nachdem lange Jahre Plattenspieler und Fernseher für ihn tabu gewesen waren. Obwohl er anfangs Tonkonserven verabscheute, bekannte er sich nach und nach zu einem Abspielgerät. Vielleicht haben auch Frau und Kinder dazu gedrängt. Es kann aber auch Neugier gewesen sein, bekam er doch so manche Platte von Freunden und Kunden geschenkt. Natürlich mit Einspielungen auf Schuke-Orgeln. Die mußte und wollte er natürlich hören. Der Durchbruch war gekommen, als man ihm erste Aufnahmen von einer Neukonstruktion eines Positivs überreichte. Es handelte sich um die Händel-Orgelkonzerte, die von Prof. Ernst Köhler aus Weimar gespielt wurden.

Wie oft zitierte er die Worte über Kunst. „Kunst läßt sich nicht befehlen", „Kunst kommt vom Können" usw. Wenn er auch manchmal viel Zusammengesuchtes aus Kunst, Wissenschaft und aus der Welt der Töne lehrte, seine Interpretationen waren immer spannend. Wer da Ohren hatte zu hören, der fand auf jeden Fall immer für sich brauchbare Dinge heraus, die mit gutem Gewissen dem Fundus der Allgemeinbildung zugeordnet werden konnten.

Hans-Joachim Schuke war in Potsdam Alleinherrscher im Orgelbau. Die Berufskollegen waren weitab im Lande verteilt, abgesehen vom brüderlichen Betrieb, der aber als nächster Nachbar nicht störte, denn der sogenannte „antifaschistische Schutzwall“ schloß ihn als Konkurrenten aus!

Es ergab sich zwangsläufig, daß er bei Kongressen die Chefs verschiedener Firmen traf. Aus Gesprächen, die später irgendwann mal über solche Treffen geführt wurden, konnte man entnehmen, daß sein Verhältnis zu seinen Berufskollegen gemischt war. Er akzeptierte recht wenige Orgelbauer. Den größten Teil nahm er nur zur Kenntnis. Er respektierte die Arbeit der anderen, aber es gab nur wenige Instrumente anderer Firmen, die er mit vollem Herzen anerkannt hätte.

Unter den Firmen in der Bundesrepublik schätzte er ganz besonders das Haus von Beckerath. Das mag von einer früheren Verbindung herrühren, bei der Karl Schuke und Rudolf von Beckerath zusammen an der Intonation der spektakulären Riesenorgel der Jahrhunderthalle in Breslau gearbeitet und sich schätzen gelernt hatten.

In der damaligen DDR hatte er ganz guten Kontakt zu Hans Eule. Was den Zusammenhalt in der DDR anbelangt, so war nicht nur das kollegiale Miteinander wichtig, sondern die Zusammenarbeit hier war auch eine Überlebensfrage der Betriebe. Schuke, und später Max Thiel, trafen sich in regelmäßigen Abständen mit den anderen Firmenleitern.

Daß in das neue gemeinsame Deutschland überhaupt noch eine östliche Orgelbaukunst gerettet werden konnte, ist zum großen Teil das Verdienst der späteren Betriebsdirektoren Thiel (Schuke), Spalleck (Sauer in Frankfurt/Oder), Horst Jehmlich (Dresden) und Frau Eule (Bautzen).

H.-J. Schuke war sehr für eine große und breite Orgellandschaft. Er hatte nichts gegen klangliche Vielfalt im Lande; trotzdem wurmte ihn natürlich ein Orgelneubau in der nahen Friedenskirche durch eine andere Firma!

Er respektierte die Klänge der Nachbarn. Entscheidend war für ihn die hochwertige Ausführung der Intonation und Technik. Billigangebote zwecks Kundenfang waren ihm ein Greuel.

Der in der DDR einstmals aufkeimende Gedanke führender Funktionäre zum Zusammenschluß der Firmen konnte abgeblockt werden. Ein geplantes „Orgelbaukombinat" wäre das schnelle Ende der ostdeutschen Orgelbaukunst gewesen. Man konnte zum Glück den Kulturfunktionären klarmachen, daß eine Einheitsorgel keinerlei Exportchancen hätte. Da der Devisenhunger des Staates nach wie vor sehr groß war, blieb so der Orgelbau in den angestammten Firmen erhalten.

Pecunia non olet!

So konnten die jetzt „Volkseigenen Betriebe" weitgehend im künstlerischen Sinne der einstigen Besitzer aufrecht erhalten werden.

Dieser letzte Satz ist schnell geschrieben und gesprochen. Ich glaube, daß sich kaum ein Firmenchef der Altbundesländer vorstellen kann, unter welchen Schwierigkeiten Orgelbau im Osten betrieben wurde. Jede Tonne Zinn, jedes Eichenbrett und manche Zuweisung für neue Autoreifen mußte über Wirtschaftsrat und Behörde erkämpft werden.

Ich betrachte es noch heute als ein Wirtschaftswunder, daß der Orgelbau im Osten unserer Heimat mit so hohem Niveau erhalten

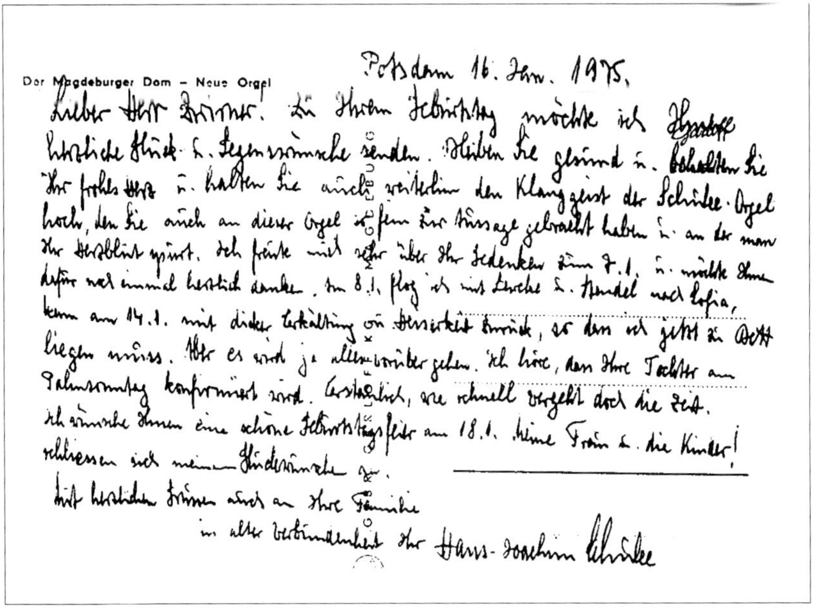
Der Magdeburger Dom – Neue Orgel

Potsdam 16. Jan. 1975.

Lieber Herr Zwirner! Zu Ihrem Geburtstag möchte ich Ihnen herzliche Glück- u. Segenswünsche senden. Bleiben Sie gesund u. behalten Sie Ihr frohes Herz u. halten Sie auch weiterhin den Klanggeist der Schuke-Orgel hoch, den Sie auch an dieser Orgel so fein zur Aussage gebracht haben u. an der man Ihr Herzblut spürt. Ich freute mich sehr über Ihr Gedenken zum 7.1. u. möchte Ihnen dafür noch einmal herzlich danken. Am 8.1. flog ich mit Leucke u. Hendel nach Sofia, kam am 14.1. mit dicker Erkältung u. Heiserkeit zurück, so dass ich jetzt zu Bett liegen muss. Aber es wird ja alles vorüber gehen. Ich höre, dass Ihre Tochter am Palmsonntag konfirmiert wird. Erstaunlich, wie schnell vergeht doch die Zeit. Ich wünsche Ihnen eine schöne Geburtstagsfeier am 18.1. Meine Frau u. die Kinder! schliessen sich meinen Glückwünschen an.

Mit herzlichen Grüssen auch an Ihre Familie

in alter Verbundenheit Ihr Hans-Joachim Schuke

Abb. 46. Orgelpostkarte Magdeburg an A. Zwirner
„... und halten Sie auch weiterhin den Klanggeist der Schuke-Orgel hoch, den Sie auch an dieser Orgel so fein zur Aussage gebracht haben ...“ 16.1.1975

werden konnte, trotz ständiger Mangelwirtschaft, unsinniger Planauflagen und politischer Schikanen von Wirtschaftsrat und Staatsapparat!

Hans-Joachim Schuke und sein Nachfolger Max Thiel hatten das Glück, daß sie immer gute Künstler für Architektur und andere Fragen der Kunst um den Orgelbau zur Hand hatten. Auf dem Gebiet der Prospektgestaltung hatte ich das Glück, „seinen besten Mann“, den Kunstmaler, Baumeister und Architekten Leweke aus Halle/Saale in seinen fruchtbarsten Schaffensjahren zu erleben.

Leweke konnte man als Universalgenie bezeichnen. Sanssouci verdankt ihm manche Restauration seiner kostbaren Deckengemäl-

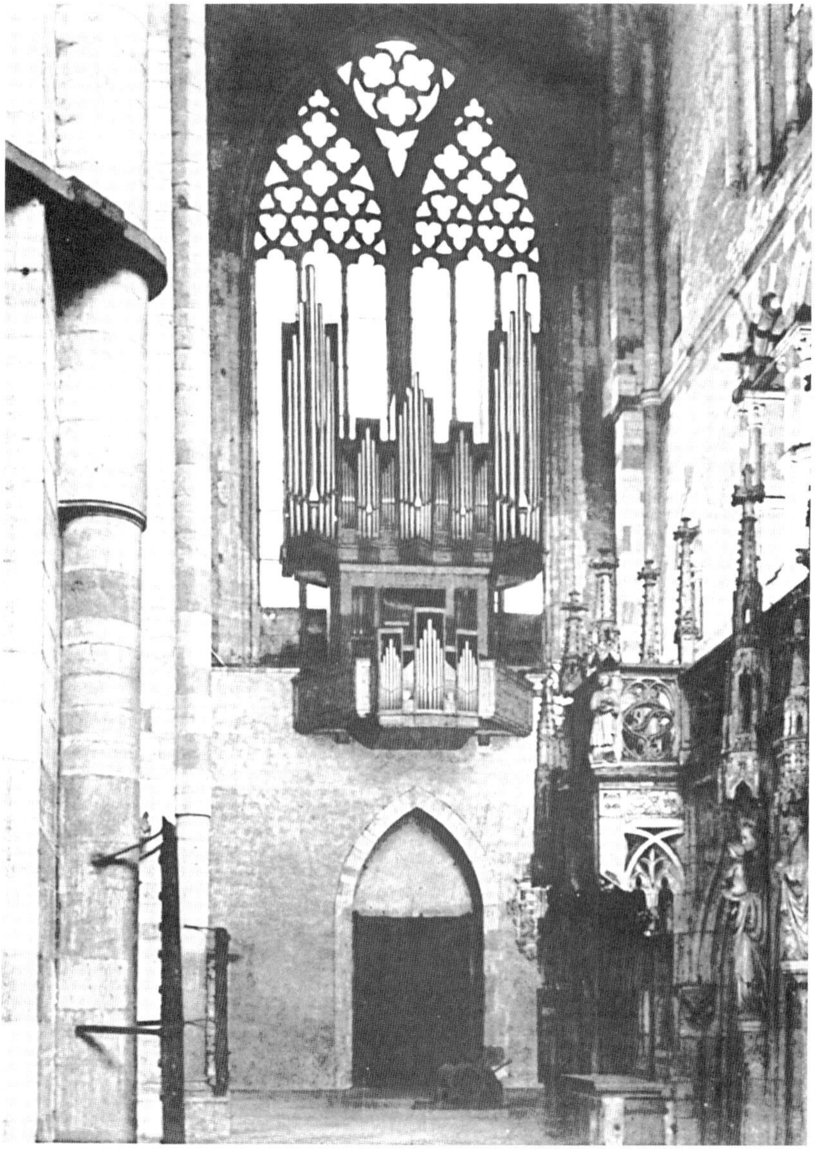

Abb. 47. Magdeburg, Dom, 1969
Orgel im nördlichen Querschiff

de. Manche Kirche wurde künstlerisch von ihm verschönt. Ich ganz persönlich empfand seine Prospektentwürfe für das Haus Schuke als Segen. Nach Jahren unschöner Kisten- und Kastenprospekte, die ein anderer Kirchenbaumeister dem Chef als *non plus ultra* eingeredet hatte, bekamen die Orgeln durch Leweke endlich wieder einen äußerlich würdigen und hochkünstlerischen Rahmen.

Auf dem musikalischen Sektor, dies auch schon weiter oben angedeutet, waren Leute wie Prof. Walcha (Frankfurt/M.), Prof. Hannes Kästner (Leipzig), Prof. Schetelich (Leipzig), die Kirchenmusikdirektoren Hammermeister (Berlin), Wilhelm Kümpel (Erfurt), Piasetzki (Berlin) – um nur einige zu nennen – Ratgeber von wohltuendem Einfluß.

Das Haus Schuke

Hans-Joachim Schuke hat immer mit viel Respekt und Ehrfurcht über seinen alten Herrn geredet. Sein Vater muß ein strenger, aber gütiger Mensch gewesen sein.

Wie der Sohn, so hat auch der Vater gut und kräftig geraucht. Ob er auch so gekonnt gehustet hat? Seine Augen waren auch nicht die besten, und man bekam nach allen Schilderungen den Eindruck, daß Hans-Joachim Schuke das Abbild des Vaters im Denken und im Handeln geworden ist.

Abb. 48.
Alexander Schuke, 1870–1933

Alexander Schuke war ein echter „Pneumatiker". Sein Pech war, daß zu seiner Zeit andere Firmen auf diesem Gebiet bedeutender waren, zum Beispiel Sauer und Walcker. Doch im Umfeld Potsdam, in kleineren und größeren Gemeinden, sind liebenswerte Schuke-Orgeln entstanden.

Klanglich waren sie ein Bild der Zeit, technisch funktionierend, aber leider nicht mit dem *Know-how*, wie es der olle Wilhelm Sauer in seinen Werken zeigte.

Altvater Schuke erkannte sehr früh die relative Flachheit der Romantik. Für ihn, wie später für den Sohn, wurde die Domorgel in Brandenburg der Wegweiser zu einem gesunden Orgelbau. Hans-Joachim hat – so seine Erzählung – öfters an der Hand des Vaters bei Stimmungen und Reparaturen in Brandenburg mitgewirkt. Hansi will sogar den 16'-Prospekt alleine (?) raus und rein befördert haben! Na, hier wird wohl etwas Orgelbauerlatein mit im Spiel gewesen sein.

Die Wagner-Orgel war mit ihren Mensuren für Vater und Sohn Basis und Einstieg in die sich bildende Orgelbewegung. Als „olle Preußen" waren Schukes aber nicht nur wegen Klang, Mensuren und Gehäusen in die Wagner-Orgel(n) verliebt, nein, ich glaube, man war auch sehr stolz, und sehr zu Recht, auf den „preußischen Silbermann" Wagner. Als armer Deibel gestorben, hatte er vielleicht in seinen Charakterzügen etwas von dem, was die Schukes als Orgelbauerideal empfanden: Fleiß, Pünktlichkeit, Sparsamkeit und Genauigkeit in der Arbeit und schlicht und hervorragend in der Ausübung seiner Kunst.

Alle Schukes sind typische Vertreter des Landes Brandenburg-Preußen! Alexander, Karl und Hans-Joachim hätten auch gut exquisite Beamte, im positiven Sinn gemeint, werden können.

Hans-Joachim Schuke war auf diesem Gebiet ein Paradebeispiel. Er war immer sehr pünktlich. Ordnung und Sauberkeit waren ihm stets wichtig.

Auf seinem Schreibtisch lagen, nach Größe sortiert, die immer gut gespitzten Bleistifte. Akten und Ordner hatten in vernünftiger Reihenfolge zu liegen. Kurz und gut, in seinem Büro fand man was! Seine Ordentlichkeit zahlte sich auch aus. Sein persönlicher Arbeitsstil bei Korrespondenz und Notizen fingen schon bei Überschrift und Briefkopf an.

Hier entwickelte er eine für ihn typische Eigenwilligkeit: er konnte noch so in Eile sein, der Notizzettel noch so armselig, die Notiz sogar relativ unwichtig sein, es begann doch immer mit der gleichen Zeremonie.

Stets wurden mit Ruhe und preußischer Genauigkeit Briefkopf und Überschrift erstellt. Zum Beispiel: *Brandenburg, Dom, d. ...,* oder *Kreuzkirche Düsseldorf, d. ...,*usw. Alles wurde schön und gewissenhaft gemalt!

Kein Mensch hat was gegen einen ordentlichen Briefkopf. Keiner sagt was gegen eine vernünftige Datumsangabe. Es wird eben nur kurios, wenn in sehr eiligen Augenblicken der Schmierzettel oder der Zeitungsrand so betont liebevoll behandelt wird. Trotzdem, seine von allen viel belächelte Gründlichkeit war ihm später eine gute Hilfe beim Sichten aller Aufzeichnungen.

Natürlich gab es manchen Anlaß zum Schmunzeln, wenn er aus den Jackentaschen so nach und nach komplettes Bürozubehör herauszauberte, ob das Büroklammern, Radiergummi, Bleistift und sogar manchmal eine Reißzwecke waren! Was man für schnelle Notizen brauchte, das war bei ihm zu finden. Frau Schuke wird bestimmt viel Freude bei der Reinigung seiner Anzüge gehabt haben!

Noch eine kleine und entzückende Marotte muß hier unbedingt erwähnt werden. Irgendwer hatte ihm mal eingeredet, daß ein Stück Zucker, zur richtigen Zeit genommen, Energiereserven schafft und freimacht. Seitdem hatte er immer mehrere Stücke Würfelzukker in der Tasche. Lieferanten gab es ja genug dafür, ob im Flugzeug oder Hotel, überall gibt es ja die mehr oder weniger hübsch verpackten Süßmacher.

Diese Zucker-Eßmethode mochte ja im richtigen Augenblick hilfreich sein, aber bei Hans-Joachim Schuke wurde hier in seinen älteren Tagen doch manchmal etwas übertrieben. Es konnte passieren, daß mitten im Gespräch eine Zwangspause eingelegt wurde, weil Energie nachgeladen werden mußte. Fröhlich schnurpste er dann seinen Zucker zwischen Hinweisen und Erklärungen.

Orgeln, die ihren Meister loben

50jähriges Berufsjubiläum von Hans-Joachim Schuke

Albert Schweitzer schrieb in seinem kritischen Aufsatz über deutsche und französische Orgelbaukunst und Orgelkunst, daß kein Instrument einen solchen Einfluß auf den Künstler ausübe wie die Orgel und die Orgelkunst immer das Produkt der Orgelbaukunst ist. So streben die Orgelbauer seit Jahrhunderten nach Vollkommenheit ihrer Werke und können sie doch immer nur annähernd erreichen. Keine Orgel der Welt gleicht der anderen, jede muß neu erdacht, neu erarbeitet, erkämpft, mit Liebe zum Leben erweckt werden. Wo dies geschieht, ist das ein bedeutsames schöpferisches Werk, ein künstlerisches Ereignis, das Leben des Orgelbauers überdauernd, der die Traditionen der Vergangenheit mit Forschung und Anspruch der Gegenwart befruchtet und zugleich — wie Albert Schweitzer schrieb — auf Zukunft arbeitet.

Wir haben heute die Freude, aus Anlaß des fünfzigjährigen Berufsjubiläums von einem Orgelbauer zu berichten, dessen Werke in aller Welt bekannt wurden und überall, wo sie erklingen, Freunde finden und Freude, überall ihren Schöpfer ehren: den Orgelbaumeister Hans-Joachim Schuke, Leiter des VEB Potsdamer Schuke-Orgelbau, Anerkannter Kunstschaffender der DDR, Aktivist des Siebenjahrplanes, Träger der Verdienstmedaille der DDR. Seit 1933 sind von ihm beziehungsweise unter seiner künstlerischen Leitung 222 Orgeln gebaut worden, im Staatlichen Institut der Künste in Alma-Ata wie im Ökumenischen Zentrum in Genf, in der Philharmonie in Vilnius wie in der Kreuzkirche zu Düsseldorf, in Moskau, Sofia, Krakow, in Ahrenshoop und Jena wie in Westberlin und Godesberg. Es ist unmöglich, sie nach Rang, Größe oder Klangschönheit einzustufen, nach Verwendungszweck oder Baustil des Gebäudes, in dem sie ihren Standort finden, alles „Kinder einer Familie, die in verschiedene Lebensumstände geraten", sagte ihr Erbauer so anschaulich in einem Interview, das in der Wochenendbeilage der „Istwestija" in Moskau erschien.

Potsdamer Traditionen

Seit fünf Generationen werden in Potsdam Orgeln gebaut, begonnen im Jahre 1820 von dem aus Querfurt stammenden Gottlieb Heise, fortgeführt von seinem Schüler Carl Ludwig Gesell, der schon über die brandenburgische Heimat hinaus die Potsdamer Orgeln bekannt machte. Nach seinem Tode übernahm sein Sohn und Schüler Carl Eduard Gesell im Jahre 1867 die Werkstatt, schon damals im Potsdamer Holländischen Viertel, der heutigen Gutenbergstraße. Auch er erwarb sich dank hervorragender handwerklicher wie künstlerischer Leistung einen guten Ruf, der ihn mit seinen Orgeln bis Konstantinopel und Buenos Aires führte. Sein Schüler Alexander Schuke wurde 1894 der Nachfolger seines verehrten Lehrers, gewann wiederum Vertrauen und Freunde seiner Kunst, vergrößerte die Zahl seiner Mitarbeiter, erweiterte die Werkstätten und zog 1898 in die Gutenbergstraße 78, wo sich der Betrieb noch heute befindet.

Als Alexander Schuke 1933 starb, übernahmen seine beiden Söhne die Firma, behielten in Hochachtung vor dem Vater den Namen bei. Karl Ludwig Schuke schied 1952 aus der Potsdamer Orgelbauanstalt aus, seitdem leitet Hans-Joachim Schuke den Betrieb, seit 1972 umgewandelt in den VEB Potsdamer Schuke-Orgelbau. Hans-Joachim Schuke widmet der Ausbildung des Nachwuchses größte Sorgfalt. Dazu gehört von beiden Seiten außerordentliche Liebe und Leidenschaft, die Lehrzeit — genaugenommen — dauert zehn und mehr Jahre, bezieht mit der künstlerischen Reife die menschliche ein, ist ebensosehr eine Sache handwerklicher Qualitäten wie hoher Musikalität, ist nicht vorstellbar ohne gegenseitiges Vertrauen, ohne persönliche Bescheidenheit und feinempfindliche innere Beziehung zu der großen, schönen, vielseitigen und außerordentlich komplizierten Aufgabe.

In vielen Ländern unterwegs

Die Monteure und Intoneure sind etwa drei Viertel des Jahres auf Reisen, leben weit weg von ihren Familien, allein auf sich und den Mitarbeiter gestellt in fremden Ländern, unter ungewohnten klimatischen Bedingungen, in oft eiskalten Kirchen oder in riesigen Konzertsälen. Selbstverständlich erwartet der Betriebsleiter, daß seine Intoneure — deren hervorragende Leistungen er in unserem Gespräch immer wieder hervorhebt — so gut Orgel spielen und improvisieren können, daß sie dann in der Lage sind, das neue Instrument dem Auftraggeber vorzuführen, wenn das schwierige Werk vollendet ist.

Wie Hans-Joachim Schuke uns bekennt, ist es sein Bestreben immer gewesen, seine Mitarbeiter einzubeziehen in das künstlerische Verantwortungsbewußtsein, das die Potsdamer Orgelbauer von jeher auszeichnete. Dieses Verantwortungsbewußtsein setzt eine allseitige musische Beziehung voraus zur Geschichte und Kultur des Landes, in dem die neue Orgel erklingen soll, zu den musikalischen Traditionen, zu Gewohnheiten und Bedürfnissen. Eine Konzertorgel für Grusinier wird andere Klangfarben haben als für ein finnisches Publikum beispielsweise. Ohne enge, kenntnisreiche Beziehung auch zur Architektur wäre Klangschönheit und -reinheit der Orgeln nicht vorstellbar. So fährt Hans-Joachim Schuke immer zunächst hin zum künftigen Standort seiner Instrumente, beschäftigt sich mit der Kultur- und Heimatgeschichte, den architektonischen Verhältnissen, den akustischen Voraussetzungen, denn die Mensuren, der Maßverlauf des Tones innerhalb des Registers, muß auf den Raum hin gefunden werden, und die Potsdamer Orgelbauer versuchen auch dabei immer, von der Kunst der alten Orgelbauer zu lernen. Bei der Restaurierung der Orgel von St. Marien in Stralsund ergaben exakte Messungen, daß die Verhältnisse der Mensuren genau denen des Goldenen

SCHUKE-ORGEL im nördlichen Querschiff des Magdeburger Domes, erbaut 1969 (Bild oben). Unser Bild darunter zeigt den Potsdamer Orgelbaumeister Hans-Joachim Schuke

Fotos: Dieck, „Iswestija"

Schnitts entsprachen und in den Maßen des Architekten immer wiederkehrten.

Jede Orgelbau-Anstalt hat ihre künstlerische Eigenart, ihre klangliche Visitenkarte. Den Potsdamer Orgelbau, die „Schuke-Orgeln", wie man in Musikerkreisen sagt, zeichnet aus, daß Orgelprospekt und das geschlossene Orgelgehäuse Abbild des organischen Aufbaus der Orgel sind und eine technisch-konstruktive künstlerische Einheit bilden vom ersten Entwurf bis zum letzten Detail, einer gewollten und sauberen Schallreflexion dienend. Der ausschließliche Bau der Schleiflade in Verbindung mit exakt regulierter und ausgewogener Spieltraktur bietet dem Organisten die gleichen Nuancierungsmöglichkeiten wie ein guter Konzertflügel. Die Intonation an Ort und Stelle schließlich gewährt die beste Ausformung des Tones, den zauberhaft reinen, unsentimentalen, dabei warmen und frischen Klangcharakter der Schuke-Orgeln.

Wir wünschen ihrem Schöpfer, den wir als feinsinnigen, lebhaften, klugen, außerordentlich anregenden Gesprächspartner kennenlernten, als einen sensiblen Künstler und verantwortungsvollen Sachwalter kultureller Traditionen, mit allen seinen Mitarbeitern viel Glück für die Zukunft, Gesundheit, Erfolg und Gottes Segen, zu dessen Ehre die Schuke-Orgeln in aller Welt vielstimmig erklingen.

Barbara Faensen

Abb. 49. Zeitungsausschnitt NEUE ZEIT vom 1.10.75 zum 50jährigen Berufsjubiläum von Hans-Joachim Schuke

Als „guter Deutscher“ war Hans-Joachim Schuke auch allen Ehrungen, Orden und Titeln gegenüber nicht abgeneigt. Er wurde vielfach geehrt.

H.-J. Schukes Titel und Auszeichnungen:

- 1957 wurde er „Anerkannter Kunstschaffender der DDR“.
- Am 7. Oktober 1964 gab es die „Verdienstmedaille der DDR“.
- Zum 60. Geburtstag wurde er mit dem „Großen Aktivistenorden“ dekoriert!

Alles sind Auszeichnungen*, die man heute vielleicht müde belächelt. Schuke lebte und litt in der Deutschen Demokratischen Republik. Warum sollte er sich nicht also auch über Auszeichnungen freuen, die auf jeden Fall Wertschätzungen seines Könnens waren?

Jeder Staat braucht und benutzt Künstler, und sei es nur, um sein Prestige als Kulturnation zu festigen. Schuke wurde vom Staat für echte und hochwertige *Verdienste um die Kunst des Orgelbaus* ausgezeichnet.

Sein Bruder Karl, der das Glück hatte, im Leben die richtige Seite zu erwischen, wurde für sein Können auf westliche Weise geehrt. Er wurde Professor. Für solchen Titel hätte H.J.S. bestimmt sehr gerne sein Klempnerblech abgegeben!

---

* Oft wird heute ein DDR-Orden als Systemnähe und Dank für Kriecherei angesehen. Ein Alt-Bundesbürger kann es leider kaum verstehen, daß auch hier Menschen honorable Leistungen vollbracht haben, die staatlicherseits anerkannt wurden.

Hans-Joachim Schuke *Potsdam, den 3. Juli 1975*

Lebenslauf

Am 7. Januar 1908 wurde ich als Sohn des Orgelbaumeisters Alexander Schuke und seiner Ehefrau Louise, geb. Sauvage, in Potsdam, Junkerstr. 41, jetzige Gutenbergstr. 76, geboren. Von 1914–1923 besuchte ich bis einschließlich Obersekunda das humanistische Viktoria-Gymnasium in Potsdam.

Am 5. November 1923 begann ich eine kaufmännische Ausbildung bei der Firma Pignol & Heiland in Potsdam und in Görlitz, die ich dank guter Leistungen bereits am 20. September 1925 beenden konnte.

Am 1. Oktober 1925 trat ich in die väterliche Orgelbauanstalt Alexander Schuke in Potsdam ein und erlernte den mir schon als Kind lieb gewordenen Orgelbauerberuf. Nach Abschluß meiner Ausbildung arbeitete ich weiter bei meinem Vater Alexander Schuke. Er führte mich in alle die vielseitigen Gebiete der Orgelbaukunst technischer, akustischer, musikalischer und architektonischer Art ein – gerade zu dieser Zeit, in der sich auf allen Gebieten der sogenannten „Orgelbewegung" eine umwälzende Orgelreform anbahnte. Zusammen mit meinem Bruder Karl-Ludwig zog mich mein Vater immer mehr in die Leitung der Potsdamer Orgelbauanstalt hinein, die sich infolge Häufung von Orgelbauaufträgen von Jahr zu Jahr vergrößerte.

Weitere Ausbildung fand ich in der „Akademischen Gesellschaft und Kolloquium der technisch-wissenschaftlichen Arbeitsgemeinschaft für Orgelbau und Orgelkunst" an der Technischen Hochschule in Berlin. So war schon damals mein ganzes Leben auf die hohe Kunst des Orgelbaus ausgerichtet.

Als mein Vater am 16. November 1933 starb, übernahmen mein Bruder und ich die väterliche Orgelbauanstalt, die wir unter Beibehaltung des Namens Alexander Schuke Potsdam gemeinsam leiteten.

Im April 1940 wurde ich zum Militär eingezogen, während mein Bruder in der Zeit des Krieges die Orgelbauanstalt allein weiterführte. Ab 1941 war ich bis zur Beendigung des Krieges als Unteroffizier

Rechnungsführer in einer Infanterieeinheit. Im April 1945 kam ich in sowjetische Kriegsgefangenschaft, verbrachte diese in der Sowjet-Union und kehrte im Mai 1948 nach Potsdam heim. Hier widmete ich mich sofort wieder meinem Orgelbauerberuf und half mit zäher Energie zusammen mit meinem Bruder am Wiederaufbau.

Nach dem Ausscheiden meines Bruders – Anfang 1953 – übernahm ich die Leitung der Orgelbauanstalt Alexander Schuke allein. Infolge sich häufender Aufträge erweitere ich den Betrieb und bildete neue Mitarbeiter aus. Mit der neu geschaffenen Arbeitsgemeinschaft und dem Stamm alter treuer Mitarbeiter erreichte ich durch unsere Orgelbauten ein hohes künstlerisches Renommee weit über die Grenze unseres Vaterlandes hinaus. So wurden mir Orgelbauten auch im Export – für die Sowjet-Union, die Schweiz, VR Bulgarien, VR Polen und für die Bundesrepublik – übertragen.

Gemäß Anordnung des Ministeriums für Kultur der DDR - wurde mir im Mai 1957 der Titel „Anerkannter Kunstschaffener" zuerkannt.

Am 7. Oktober 1964 – zum 15. Jahrestag der DDR – wurde mir „In Anerkennung und Würdigung besonderer Leistungen" die Verdienstmedaille der Deutschen Demokratischen Republik verliehen.

Zum meinem 60. Geburtstag am 7. Januar 1968 erhielt ich die Auszeichnung „Aktivist des Siebenjahrplanes".

Am 1.12.1962 wurde ich zum Leiter der Erzeugnisgruppe Orgelbau – der späteren Artikelgruppe Orgelbau in der Erzeugnisgruppe Klavier- und Orgelbau – berufen. Am 15.9.1970 wurde ich Mitglied im Erzeugnisgruppenbeirat Klavier- und Orgelbau". Nach 12jähriger Tätigkeit legte ich meine Funktionen in der Erzeugnisgruppenarbeit am 31.3.1974 aus altersbedingten Gründen nieder.

Im Mai 1972 wurde die Orgelbauanstalt Alexander Schuke Potsdam umgewandelt in den VEB Potsdamer Schuke-Orgelbau. Gleichzeitig wurde ich von dem Vorsitzenden des Wirtschaftsrates des Bezirkes Potsdam zum Betriebsdirektor des VEB Potsdamer Schuke-Orgelbau berufen.

Hans-Joachim Schuke

Abb. 50. Lebenslauf Hans-Joachim Schuke von 1975
(1977 von Frau Gerda Schuke erhalten)

Ein Sohn der Stadt Potsdam

Es soll und muß aber auch erwähnt werden, daß Hans-Joachim Schuke vom Staat, der ihm Orden und Titel gab, um sein gesamtes Eigentum beraubt wurde, von einer minimalen Proformavergütung abgesehen. Sein Betrieb wurde verstaatlicht und zum „Volkseigenen Potsdamer Schuke-Orgelbau“ gemacht! Welchen Kampf kostete es allein, den Namen „Schuke“ im offiziellen volkseigenen Titel zu erhalten!

Die Enteignung war für H.-J. Schuke wie ein Todesstoß, auch wenn er die Gnade genoß, weiter im Orgelbau und am ehemals eigenen Schreibtisch zu arbeiten.

„Fahrt mich doch zum Friedhof“, diese Worte sprach er immer häufiger und voller Verbitterung.

Unser Leben kann 60, 70 und 80 Jahre dauern. Mühe und Arbeit werden gerne ertragen, aber bitte in Würde und Gerechtigkeit. Raubt man einem Menschen das Lebenswerk im Herbst seiner Tage, dann ist dies ein Verbrechen. Damals, heute und morgen!

Vielseitig und wechselhaft war der Lebensweg von Hans-Joachim, dem zweiten Sohn des alten Alexander, Gründer der Orgelbauanstalt Alexander Schuke.

Hans-Joachim Schuke kam am 7. Januar 1908 in der damaligen Junkerstraße 41, heute Gutenbergstraße 76, in Potsdam zur Welt. Unter Vaters strenger Hand wuchs er auf, ging zur Schule, u. a. in das Viktoria-Gymnasium. Er erlernte den Kaufmannsberuf in Potsdam und Görlitz. Dabei erfuhr er auch, wie man Päckchen schnürt. Ich habe keinen Menschen in solcher Vollendung Pakete packen sehen wie ihn. Selbst runde Behälter wurden, ohne daß die Schnur abrutschte, exakt behandelt.

Nach seiner Kaufmannslehre kam er zu seinem Vater in die Orgelbauwerkstatt. Ob er hier nun eine Orgelbauerprüfung abgelegt hat, werden Geschichtsforscher ergründen müssen.

Von H.J.S. weiß ich nur, daß er immer sagte: „Und dann habe ich bei Vater gelernt!"

Vater Alexander schloß die müden Augen am 16. November 1933. Hans-Joachim und Bruder Karl übernahmen die Firma. Es war wohl kein sehr ideales Gespann.

Abb. 51. Hans-Joachim Schuke

Die Militärzeit im 2. Weltkrieg und die Gefangenschaft in Rußland wurden für Hans-Joachim eine schwere Zeit.

Dem älteren Bruder Karl blieb solches Übel erspart.

Nach der Heimkehr und einer erneuten kurzen Zusammenarbeit in Potsdam trennten sich die Brüder, um eigene Wege im Orgelbau zu beschreiten. Heute wird diese Tatsache mit einer Filialgründung in Berlin erklärt. Ich glaube nicht so recht daran.

Die Umstände der Zeit, die Ost-West-Probleme, lassen aus heutiger Sicht den Eindruck aufkommen, daß hier aus wirtschaftlichen und politischen Gründen eine Trennung stattgefunden hat. Alle Gründe mögen stimmen, aber wenn ich an so manche Äußerung von Hans-Joachim Schuke zu diesem Punkt denke, bin ich davon überzeugt, daß der über die Kriegsjahre im Alleingang arbeitende Bruder Karl wohl auch weiter sein eigener Herr bleiben wollte. Vermutungen? Vielleicht!

Neue Zeit

Mittwoch, 22. August 1979

Herz, Ohr und Hand für Königin der Instrumente

Dem Orgelbauer Hans-Joachim Schuke zum Gedenken

Als ich nach dem zweiten Weltkrieg an der Musikhochschule Weimar Kirchenmusik studierte, wurde dort im „KI" (dem Kirchenmusikalischen Institut) einerseits noch auf einer Multiplexorgel geübt, d. h. auf einem ausgeklügelten System, das durch elektrische Schaltungen wenige Pfeifen zu scheinbar vielen Registern auf drei Manualen und Pedalen vervielfachte. Andererseits aber nahmen wir Studenten mit lebhaftem, ja leidenschaftlichem Interesse von den Leitbildern und Errungenschaften der Orgelbewegung Kenntnis. In diesem Zusammenhang hatte der Name Schuke besondere Bedeutung. Es ging die Rede, daß die Orgeln der Orgelbauanstalt Alexander Schuke, Potsdam, zwar klar, präzis und „objektiv", dabei aber sehr spitz und stechend klängen, daß die Firma Schuke sich auf keine Kompromisse einließe, daß es mit ihr nicht immer leicht umzugehen sei.

Wir lernten und wußten damals auch, daß der Orgelbauanstalt Alexander Schuke im Jahre 1935 in der Berliner Ernst-Moritz-Arndt-Kirche der Bau einer Schleifladenorgel „von selten erreichtem Klangreichtum" gelungen war. Diese Orgel, im Bombenhagel des zweiten Weltkrieges glücklicherweise verschont geblieben, wurde nach dem Krieg zu einem wegweisenden, um nicht zu sagen: epochemachenden Werk. Hervorragende Organisten, allen voran Joseph Ahrens und Fritz Heitmann, ließen diese Orgel Sonntag für Sonntag im Rundfunk erklingen. Die Orgelmusik Johann Sebastian Bachs stand im Mittelpunkt, entsprechend klar und „unromantisch", doch lebendig-gegenwartsnah, packend und erregend interpretiert.

Kunstwerk 1. Ranges

Im Abnahmeprotokoll dieser Orgel vom 23. 6. 1935, verfaßt von Wolfgang Auler, hieß es: „Zusammenfassend kann ich mit gutem Gewissen erklären, daß diese Orgel ein Kunstwerk ersten Ranges ist, das seinem Erbauer alle Ehre macht. Unter Vermeidung jeglicher Konzessionen, die heute in bezug auf Vermischung verschiedenster Stilrichtungen bei der Dispositionsfestlegung und Verwendung von Ersatzstoffen für das Pfeifenwerk an der Tagesordnung sind, ist hier ein Instrument entstanden, das wohl geeignet ist, die künstlerische Höhe des deutschen Orgelbaues wirkungsvoll zu beweisen."

Drei Jahre später, bei der Zweiten Freiburger Orgeltagung, ließ die Vorführung eines von der Firma Schuke erbauten Orgelpositivs aufhorchen. Bereits seit 1933 widmete man sich in Potsdam auch der Neukonstruktion von Kleinorgeln für Kirche, Schule und Haus. Über eines dieser Positive schrieb der soeben genannte Orgelexperte Wolfgang Auler die bezeichnenden Sätze: „Trotz des niedrigen Winddruckes spricht jede Pfeife präzis an. Alle für die pedallose Orgel geschriebene Literatur läßt sich mühelos auf dem Instrument darstellen. Gerade für die Wiederbelebung der weltlichen und häuslichen Orgelmusik ist das kleine Werk empfehlenswert." Wiederum also stand die Firma Schuke in erster Reihe bei der erfolgreichen Suche nach einem Instrument, das auf den besten Traditionen des klassischen Orgelbaus im 17. und 18. Jahrhundert basierte, zugleich aber als Ausdruck zeitgenössischen Musizierwillens empfunden wurde.

Im Jahre 1925 war der am 7. 1. 1908 in Potsdam geborene Hans-Joachim Schuke in den väterlichen Betrieb eingetreten. Nach dem 1933 erfolgten Tode des Vaters übernahmen die Brüder Karl und Hans-Joachim Schuke die Firma. Karl Schuke wirkte als technischer und musikalischer, Hans-Joachim Schuke als kaufmännischer Leiter. Im Dezember 1952 schied Karl Schuke aus dem Potsdamer Betrieb aus; Hans-Joachim Schuke war zunächst Alleininhaber, später Werkdirektor des VEB Potsdamer Schuke-Orgelbau. Über 25 Jahre, bis 1977, erfüllte er mit dem Einsatz seiner ganzen Persönlichkeit diese verantwortungsvolle Leitungsposition. Konsequent schritt Hans-Joachim Schuke den gefundenen Weg fort: durchdachter Neubau von mechanischen Schleifladenorgeln und originalgetreue Restaurierung historischer Werke.

DIE ORGEL DER THOMASKIRCHE — ein Werk Hans-Joachim Schukes *Foto: ZB*

Aus der Fülle der oft in musikalischen Zentren errichteten Orgeln seien hier nur die folgenden herausgegriffen: Tschaikowski-Konservatorium Moskau (1959) und weitere elf Orgeln in der Sowjetunion von Vilnius bis Irkutsk, Blasius-Kirche Mühlhausen (1959), diese in Anlehnung an die Disposition von Johann Sebastian Bach, Stadtkirche Jena (1963), Kreuzkirche Düsseldorf (1966), Thomaskirche Leipzig (1967), Ökumenisches Zentrum Genf (1968), Dome zu Erfurt, Magdeburg, Quedlinburg, Predigerkirche Erfurt und mehrere weitere Orgeln in Erfurt. Größtes Projekt ist zur Zeit eine viermanualige Orgel mit 87 Registern für das neue Gewandhaus in Leipzig.

Unter den von Schuke restaurierten Instrumenten wären beispielhaft zu nennen: die umfangreichen Arbeiten an der Stellwagen-Orgel in der Marienkirche zu Stralsund, an den Wagner-Orgeln im Dom zu Brandenburg und in der Marienkirche zu Angermünde, sowie an der Ladegast-Orgel im Dom zu Schwerin. Vielleicht ist diese intensive Arbeit an historischen Orgeln norddeutscher Landschaften beeinflussend gewesen für das helle und scharfe Klangideal der Schuke-Orgeln, die sich darin durchaus etwa von der sächsischen Silbermann-Tradition unterscheiden.

Aus dem ehemaligen kaufmännischen Leiter war inzwischen längst der musikalische Konstrukteur, das geistige Haupt, der verehrte Chef des Betriebes geworden. Hans-Joachim Schuke war es, der in eigener Verantwortung und in höchst selbständiger Weise die Dispositionen, vor allem aber die Pfeifenmensuren seiner Orgeln entwarf und berechnete. Damit schuf er die musikalisch-akustische, ja, man möchte sagen: die naturwissenschaftliche Grundlage für seine Orgeln, die dann seine tüchtigen technischen Mitarbeiter und begabten Intonateure zu realem Dasein und klangvollem Leben erweckten.

Logarithmisch berechnet

In einem Vortrag sprach Hans-Joachim Schuke 1961 über seine Arbeit: „Nicht wegen ihrer Größe wird die Orgel die Königin der Instrumente genannt, sondern wegen ihrer präzisen und vielgestaltigen Konstruktion, wegen ihres Klangcharakters und auch wegen der Schwierigkeit, sie zu spielen. Physische und geistige Schwerarbeit muß der Organist leisten. Herz, Ohr und Hand verlangt sie von ihrem Konstrukteur. 35 Arbeitsgänge z. B. sind erforderlich, bis eine Labialpfeife fertig ist. Logarithmisch werden Labien und Größe der Pfeife je nach den akustischen Verhältnissen des Raumes errechnet. Bis zu 10 000 Pfeifen gehören zu einer großen Orgel." Diese Sätze erinnern mich an eine Einschätzung, die der Vorgänger Bachs im Leipziger Thomaskantorat, Johann Kuhnau, über Gottfried Silbermann, einem der größten Orgelbauer aller Zeiten, gegeben hat. Kuhnau rühmte die „sonderbare Geschicklichkeit" Silbermanns und „contestirte, seinesgleichen an fundamentaler mathematisch-mechanischer Scientz in Organopoeia nicht angetroffen zu haben."

Ich zögere nicht, dieses hohe Lob und diese tiefverstehende Charakterisierung für einen Orgelbauer auf Hans-Joachim Schuke zu übertragen. Er, der nach langer schwerer Krankheit am 20. 7. 1979 gestorben ist, war es, der seinen Betrieb und die Orgeln seines Betriebes durch sein eigenständiges persönliches Wirken unverwechselbar prägte, so fest und überzeugend prägte, daß die volle Sicherheit besteht: Sein künstlerisches Werk wird weiterleben in den von ihm gebauten Instrumenten und in den vielen weiteren Instrumenten, die ihnen von Potsdam aus folgen werden.

Winfried Schrammek

Abb. 52. Zeitungsausschnitt NEUE ZEIT 22.8.79 zum Tod von H.-J. Schuke
„Ich zögere nicht, dieses hohe Lob und diese tiefverstehende Charakterisierung für einen Orgelbauer auf Hans-Joachim Schuke zu übertragen; er … war es, der seinen Betrieb und die Orgeln seines Betriebes durch sein eigenständiges persönliches Wirken unverwechselbar, fest und überzeugend prägte".

Es gab Stunden, da kam zu diesem Thema bei Hansi allerlei Verbitterung ans Tageslicht. Nun, dies ist Familiensache, und ich will es bei diesem kurzen Gedankengang belassen. Auf jeden Fall war die Trennung wohl die beste Lösung! Hans-Joachim litt wohl bis dahin darunter, daß er immer der zweite und derjenige war und sein mußte, der den unangenehmeren Teil des Daseins auslöffeln sollte. Bruder Karl war immer die Nummer eins gewesen! Dazu kam noch, daß Hans-Joachim von nur sehr kleiner Statur war. Ein Grund für mancherlei Komplexe.

Als Hans-Joachim Schuke dann alleiniger Firmeninhaber war, wollte und konnte er sein Können zeigen und beweisen. Er hat es geschafft. Nur seine Körpergröße ließ sich nicht ändern. Wenn er mit dem zwei Meter langen Kollegen Walter Parisius oder mit mir redete, stellte er sich auf die nächsthöhere Emporenstufe. Als Chef wollte er doch manchmal seinen Mitmenschen aufs Haupt sehen.

Zur Schilderung des Menschen H.J.S. sei auch sein ewiger Kampf mit den Fremdsprachen erwähnt. Von seiner Schulzeit war noch eine ordentliche Substanz an Französischkenntnissen geblieben. *„Mademoiselle, est-ce que je peux vous ramener?“* Darf ich Sie nach Hause begleiten? – Vielen Dank, mein Herr! Bitte sehr! *„Merci beaucoup, Monsieur! Il n'y a pas de quoi“*. Mit solchen gängigen Phrasen klappte es noch sehr gut. Ab und zu gab er noch einige Brocken Latein von sich, und das war's schon.

Obwohl er einige elende Jahre in Rußland verbracht hatte, von der Sprache war reinweg nichts bei ihm hängen geblieben. Es war dann rührend, wie er lauschenden Zuhörern die Trubki-Felder (hier war der Prospekt in Alma-Ata gemeint) erklären wollte.

Was soll's, eine heutige Generation ist vielleicht sprachlich besser gebildet und hat dafür manche einfache Menschlichkeit aufgegeben. Schuke kam mit seinen Kenntnissen gut durch die

Am 20. Juli 1979 verstarb nach langer, schwerer Krankheit der

Orgelbauer

Hans-Joachim Schuke

im 72. Lebensjahr.

Über 50 Jahre, von 1925 bis 1977, galt sein ganzes Leben dem Orgelbau.

Unter seiner Leitung – als Inhaber der Orgelbauanstalt Alexander Schuke und als Direktor des VEB Potsdamer Schuke-Orgelbau – sind an vielen Orten im In- und Ausland Orgeln gebaut worden, die von seinem persönlichen künstlerischen Wirken zeugen.

In ehrender Anerkennung seines Schaffens fühlen wir uns seinem Vermächtnis verpflichtet.

Die Orgelbauer
des
VEB POTSDAMER SCHUKE-ORGELBAU

Abb. 53. Nachruf der Mitarbeiter

Welt. Wo die Sprache versagte, halfen Hände und Füße. Zu diesem Thema äußerte er mal selber:

Ultra posse nemo obligatur!

(Niemand ist verpflichtet, mehr zu tun als er kann!)

Nun liegt Hans-Joachim Schuke schon lange unter der Erde. Als er 1979 starb, war seine Firma ein Volkseigener Betrieb (VEB). Wie sehr hätte er sich über den historischen Augenblick gefreut, als sein Sohn, Orgelbaumeister Matthias Schuke, nach der Wende den Betrieb wieder als Eigentum übernahm.

Hans-Joachim Schuke ist tot. Nun sollte man in Potsdam, einer Stadt der ehemaligen Militärs, doch mal daran denken, nach ihrem ehemaligen Mitbürger, der nicht mit Stalin-, sondern mit Kirchenorgeln die Welt erobern wollte, eine Straße zu benennen. Zumindest wäre eine Gedenktafel am Geburtshaus eine nette Geste der Kommune.

Schuke liebte sein Potsdam! Wo er konnte, wetterte er gegen die Zerstörung alter kultureller Substanz. Was hat er sich bei der unsinnigen Zuschüttung der Grachten* aufgeregt. Er wußte um die Wichtigkeit dieser Anlage, die, was wenigen klar ist, eine große Aufgabe in der Grundwasser-Regulierung hatte.

Er engagierte sich beim Wiederaufbau der Nikolaikirche, er trauerte um den Zerfall des Holländischen Viertels, er lebte und litt mit seiner Stadt. Eine Landesregierung, die Baumeister von Schlössern und Gärten ehrt, die sich über den Sitz von Kunstinstituten und Universität in der Stadt freut, sollte einen Sohn der Stadt, der zur guten und ausnahmsweise nichtmilitärischen Geschichte beigetragen hat, nicht vergessen.

---

*Kanäle durch Potsdam nach holländischem Vorbild

Die Jahre sind vergangen, und manch alter Mitstreiter von Hans-Joachim Schuke ist ihm nachgefolgt

An der Grube von Helmut Pankow sagte Schuke: „Helmut, es ist mir leid um Dich!"

Heute sagen wir: „Wir denken gerne an Euch alle zurück", auch an Max Stephan, Hermann Höhne, Paul Lehmann, Volkmar Pucher, Hermann Kluwe, Bruno Vogel und viele andere.

Eine neue Zeit ist angebrochen. Deutschland ist nun in Währung und Wirtschaft wieder eine Einheit. In der Sprache klappt es beinahe, und was das gegenseitige Verstehen anbelangt, gibt es noch einige Problemchen. Der einstige Betriebsleiter wird jetzt „Geschäftsführer" genannt, und so muß auch begriffen werden, daß der ehemalige Ost-Orgelbauer eine gleichgute Qualifikation wie sein Kollege aus den Alten Bundesländern hat. Es gab nur wenige Unterschiede in der Arbeit. Der Ostkollege mußte gut bei der Materialbeschaffung improvisieren können. Er sollte oft aus altem Mist neuwertige Teile machen. Dem Westkollegen waren diese Probleme fremd. Ein volles Lager und stets bestes Werkzeug und Material waren immer vorhanden. Auch im Einkommen war das Ost-West-Gefälle gravierend.

Nun, das geschichtliche Wendemanöver in Deutschland war ein großer Glücksfall. Das Glück kam leider nur etwas spät! Vierzig Jahre haben doch Spuren hinterlassen. Es wird Zeit brauchen, um ein neues, gutes Miteinander aufzubauen. Möge hier die nächste Generation klüger sein als wir und unsere Väter!

Die Firma nach der Wende

Geschäftsführung: Ein echter Schuke! Orgelbaumeister Matthias Schuke sieht seinem Vater nicht nur ähnlich, er hat auch eine gute Portion Mutterwitz, Menschlichkeit, Humor und Güte geerbt, Eigenschaften, die ihm hoffentlich nicht in der Marktwirtschaft genommen werden. Der Konkurrenzkampf ist groß. Arbeitsplätze müssen erhalten werden. Deshalb wurden Umstellungen in Betrieb und Wirtschaftsführung zwingend notwendig.

Die traditionelle Orgelbauanstalt Schuke ist jetzt eine GmbH. Zu Schukes engsten Mitarbeitern gehören derzeit Gernot Schmidt, Tilo Catenhusen, Heinrich Wallbrecht, Kurt Bernau. Die Zinnwerkstatt hat nach wie vor Eckehard Ast mit großem Können in seiner Hand.

Abb. 54. Gutenbergstraße 76, 1995

Abb. 55.
Stralsund, St. Marien
32' bei der
Restauration.

Nicht nur Orgelneubauten, auch hervorragende Restaurationen wie zum Beispiel Stralsund, Schwerin (Dom), Luckau und Treuenbrietzen entstanden unter H.-J. Schuke

Die Konstruktionsabteilung wird weiter von Friedrich-Wilhelm Stendel geleitet. Es weht ein neuer Wind durch die Werkstätten in Potsdam. Natürlich ergaben sich auch manche menschliche Probleme, die den neuen und jungen Firmeninhaber vor die ersten und wohl auch ernsten Bewährungsproben stellte. Vom Mitarbeiter zum Chef, vom gleichrangigen Kollegen zum Vorgesetzten, das ist keine einfache Sache!

Unter dem alten Schuke, hier ist also jetzt Hans-Joachim Schuke gemeint, sind große Instrumente in Moskau, Gorki, Mühlhausen,

Leipzig, Stendal, Rostock usw. gebaut worden. Hervorragende Restaurationen, zum Beispiel die wunderschönen Orgeln zu St.-Marien/Stralsund, Dom/Schwerin, Luckau, Treuenbrietzen, geben Zeugnis davon ab, daß auch die Pflege der Vergangenheit ein großes Anliegen des Hauses war. Matthias Schuke hat auch hier ein verantwortungsvolles Erbe angetreten. Er muß jetzt sehen, daß außer eigenen Neubauten die Werke der Väter in seiner Pflege bleiben. Mancher Kunde ist leider abgesprungen. Hier haben bestimmt finanzielle, eventuell auch menschliche Fakten eine Rolle gespielt. Kluges Taktieren, Werbung und schnelle Einstellung auf die Zeichen des Marktes sind nun angebracht.

Es ist ein Jammer, daß die Kirchengemeinden in falsch verstandener Marktwirtschaft Orgelrenovierungen ausschreiben (auf Anordnung von oben). Das ist Quatsch und fachlicher Unsinn. Eine Schuke-Orgel hat bei Schukes, eine Jehmlich-Orgel bei Jehmlich, eine Jann-Orgel bei Jann und die Orgel von XYZ eben bei der Firma gleichen Namens in Pflege zu bleiben. Der Landesbischof wird sein Fahrzeug, bestimmt eine von bester Nobelmarke, auch nicht bei Trabant oder irgendeiner x-beliebigen Firma warten lassen!

Wenn ein Markeninstrument nicht vom Erbauer gewartet wird, riskiert man, daß, ganz besonders nach Reinigungen, klanglich falsche Eingriffe vorgenommen werden. Die Handschrift des Intoneurs von Jehmlich, Sauer oder Schuster ist eine andere als zum Beispiel die des Intoneurs von Schuke. Es mag noch angehen, wenn Intoneure von namhaften Fremdfirmen Eingriffe vornehmen, da diese Leute stets erfahrene Spezialisten sind. Deshalb Vorsicht bei Orgelbauern mit viel gutem Willen, verlockenden Preisen, aber ohne langjährige Intonationspraxis. Hier kann Schaden an der Originalität des Instrumentes entstehen.

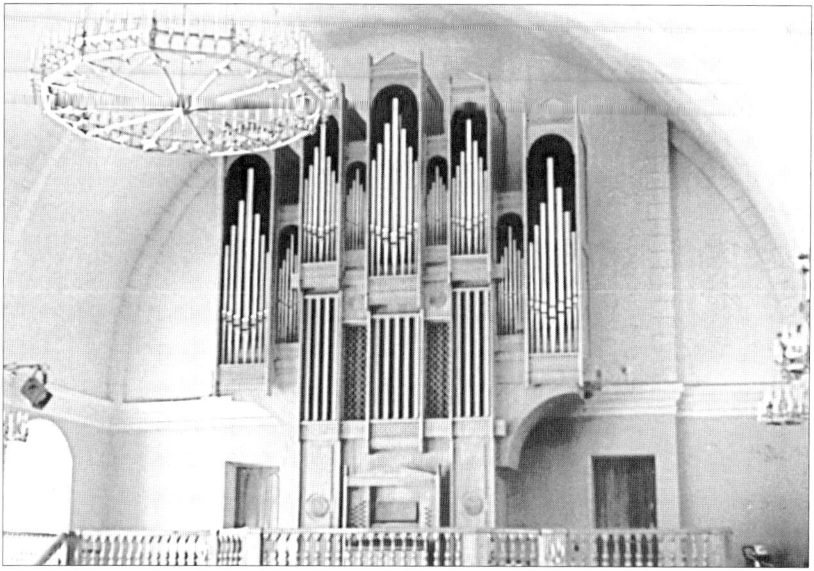

Ein gesegnetes Weihnachtsfest
und ein gutes friedliches Jahr 1992
wünscht Ihnen in freundlicher Verbundenheit

Matthias Schuke

und Belegschaft

Abb. 56. Neujahrsgrüße 1991/1992 mit der neuen Orgel für Archangelsk (Rußland)

Das Haus Schuke wird seinen Weg in guter Tradition fortsetzen. Im Augenblick macht noch der geplante Neubau einer zeitgemäßen Produktionsstätte Sorgen. Grundstücksbeschaffung, Genehmigungen und vielerlei Behördenkram muß neben fortlaufender Produktion erledigt werden.

Irgendwann wird es geschafft sein!

Matthias Schuke hat eine gute und bewährte Mannschaft. Aber es steht auch schon eine neue Generation junger Orgelbauer in den Startlöchern, zum Beispiel Vincent Schaper (Sohn von Fritze Schaper, dem tüchtigen Kollegen an der Intonierlade). Auch der Filius von F. W. Stendel und etliche andere neue und junge Kollegen sind in Werkstatt und auf Montage tätig.

Die Kinder von Hans-Joachim Schuke und seiner Frau Gerda († 1989) gehen nun ihren eigenen Lebensweg. Christian, gelernter Orgelbauer, hat den Beruf gewechselt und ist Pfarrer geworden. Hanna ist als Ärztin tätig. Matthias und seine Kind- und Kindeskinder müssen jetzt einen guten Namen bewahren!

Abb. 57. Firmenschild in der Gutenbergstraße 1995

„… Und hier scheint der Hauptgrund für den besonderen Klang der Potsdamer Instrumente zu liegen, ganz gleich, ob sie in der Kirche, im Konzertsaal oder im Studio stehen. Hans-Joachim Schuke fühlt sich der Musik Joh. Seb. Bachs aus tiefstem Herzen verbunden. Er bewundert die sinnvolle Ordnung, eine Ordnung der man auch in der Architektur so manchen Potsdamer Bürgerhauses begegnet und die letztlich die Orgel als Instrument bewahrt vor dem Unsinn des Alles-Sein-Wollenden oder einer überdimensionalen Ansammlung von Klangfarben ohne innere Bezogenheit.

So führt die fünfte Generation des Potsdamer Orgelbaues die Orgel – in ihrer besonderen Funktion geläutert – als gleichberechtigtes Glied in die Reihe der Instrumente für das Haus, die Kirche und den Konzertsaal zurück. Sie wird auch in Zukunft singen und künden von der Kunstfertigkeit ihrer Potsdamer Erbauer.“

Wolfgang Schetelich
Dozent für Orgel und Orgelkunde
an der Hochschule für Musik in Leipzig.

Zitiert aus dem
Firmenkatalog von 1970
zum 150-jährigen Firmenjubiläum

Schlußgedanken

Viele gute Orgelbauer aus Potsdam (überwiegend Schüler von Hans-Joachim Schuke) stehen heute in Spitzenpositionen führender Häuser. Alle Kollegen sind natürlich eigene Wege in Klangauffassung und handwerklicher Weiterbildung gegangen. Trotzdem, trifft man sich bei irgendeiner Gelegenheit, dann merkt man doch, der „olle Jeist" aus Potsdam ist auf Lebenszeit in ihre Herzen gepflanzt worden. Potsdamer Orgelbautradition ist in alle Welt gegangen!

Nun sei zum Abschluß die Hoffnung ausgesprochen, daß nicht gnadenloser Konkurrenzkampf gutes Können zur Fließbandarbeit werden läßt. Heute wird in Finanzkreisen der Kirche geflüstert, „die Pastorengehälter sind für die Zukunft gesichert, aber leider nicht die Bezahlung der Kantoren". Kommt also der Dorfschulkantor der Jahrhundertwende wieder in Mode? Dann gute Nacht! Orgelpflege, Orgelneubau und ein gutes Stück mühsam aufgebaute Kirchenmusik werden wohl dann zum Opfer fallen!

Man sollte nicht vergessen: Volle Kirchen hatte man zu DDR-Zeiten oftmals nur den klingenden Predigten und einer prächtigen Orgellandschaft zu verdanken!

Alexander Zwirner

Alexander Zwirner

Geboren 1937 in Berlin. Er begann 1954 eine Orgelbauerlehre bei der Firma Alexander Schuke, Potsdam und war danach (mit zweijähriger Unterbrechung 1958–1960 bei Walcker & Cie) dort als Orgelbauer tätig, zuletzt als Intonateur (Intoneur!). Als er 1977 Potsdam verlassen hat, war der Betrieb verstaatlicht.

Er ging zurück nach Berlin und wurde dort an einer Ingenieurschule Archivar. Seit 1990 im Öffentlichen Dienst, kam er durch seine nebengewerbliche Firma für Orgelstimmung & Wartung wieder zum Orgelbau zurück. Bereits während seiner Zeit bei Hans-Joachim Schuke, dem damaligen Chef der Potsdamer Orgelbaufirma, begann A. Zwirner, viele Erinnerungsstücke zu sammeln, zu zeichnen, Begebenheiten aufzuschreiben oder in humorvolle, originelle Gedichte zu fassen. Sein Lebensabschnitt mit Hans-Joachim Schuke, erstmals 1990 zu einem launigen Bericht für Bekannte und ehemalige Kollegen verfaßt, war die Grundlage für dieses Buch.

Verzeichnis der Abbildungen

Die meisten Abbildungen sind, soweit nicht anders gekennzeichnet, aus der Sammlung des Autors *(„... in vielen Jahren habe ich Texte, Bildchen und manches Zeitungsschnipselchen als Souvenir gesammelt. Nach so vielen Jahren kann ich in einigen Fällen zu solchen Fragmenten beim besten Willen keinen Autor mehr nennen. Ich habe hoffentlich keinen Zeitgenossen geschädigt! AZ“).* Es handelt sich zum Teil um Amateuraufnahmen oder abgegriffene Unikate, deren entsprechende Wiedergabe zugunsten der Originalität bewußt in Kauf genommen wurde. Abbildungen 43, 44, 47, 48, 51: Festschrift Schuke zum 150jährigen Bestehen der Firma (1970); Abbildungen 49, 52, 53: Archiv Rensch.

Herzlichen Dank allen, die Bild- und schriftliches Material zur Verfügung gestellt und/oder ihre Zustimmung zur Veröffentlichung dieses Buches gegeben haben.

In der kalten Kirche

Schon Vater Silbermann vor Zeiten,
zählt' Kälte zu den Übelkeiten.
Sie konnt' den Tag ihm sehr vermiesen,
denn lästig wird ein ständ'ges Niesen.

Die Zeit verging, er ist verblichen,
doch, mal das Arbeitsfeld verglichen,
da fehlen heute auch die Kohlen,
– 'ne warme Jacke wird empfohlen!

Die Kälte nagt an Geist und Bein,
die Därme, der Verstand friert ein.
Die Hände auf den Manualien,
sind eingefror'ne Casualien.

Erst wackelt dir der linke Fuß,
dann schwillt er an dir zum Verdruß.
Im Rücken wirds dir unsympatisch,
so kalt, so feucht, einfach rheumatisch!

Nun denkst du dir, mit Recht verwundert,
und das im zwanzigsten Jahrhundert?
Seit eh und je ist warmes Feuer
auch in der Kirche schrecklich teuer.

Ich weiß – und kann es nicht bestreiten –
sehr schwer und rauh sind uns're Zeiten,
doch wird es einstens mal passieren,
daß Orgel und Monteur erfrieren!

Aus der (noch unveröffentlichten) Sammlung
Orgelbauer-Gedichte von Alexander Zwirner

DIETRICH W. PROST

Stralsunds Orgeln

Stralsund, die alte Hansestadt untern der Insel Rügen, war schon immer auch eine Stadt der Orgeln. Der langjährige Organist der Stellwagenorgel von 1659 in der Marienkirche, KMD i. R. Dr. Dietrich W. Prost, hat die Geschichte der Orgeln in allen Stralsunder Kirchen vom 15. Jahrhundert bis heute zusammengetragen. Reiches, auch historisches Bildmaterial gibt dem Leser einen guten Einblick. Einmalig dürfte auch das letzte Kapitel sein, das anhand des im Stadtarchiv aufbewahrten Anstellungsgesuches des Stralsunder Orgelbauers Christian Kindten (1752-1803) Ausbildung und Lebensweg eines Orgelbauers in der zweiten Hälfte des 18. Jahrhunderts in einer selten so authentisch anzutreffenden Form wiedergibt. 80 Abbildungen, Format 21 x 15 cm, 166 Seiten, ISBN 3-921 848-07-5.

HERMANN FISCHER/THEODOR WOHNHAAS

Continuatio zu Johann Ulrich Sponsels Orgelhistorie

Sammlung von Dispositionen aus dem Fränkischen, die J. U. Sponsel im Zusammenhang mit seiner 1771 erschienenen Orgelhistorie angelegt hat. Es handelt sich dabei um ein für Franken wertvolles, größtenteils anderweitig nicht mehr verfügbares Quellenmaterial, das hier als Fortsetzung zur Orgelhistorie (im Anhang als Ergänzung auf den heutigen Stand gebracht) der Öffentlichkeit vorgestellt wird. 175 x 100 mm kartoniert, 136 Seiten, ISBN 3-921 848-28-8.

HERMANN FISCHER

100 Jahre Bund Deutscher Orgelbaumeister 1891-1991

Entwicklungsgeschichte des Bundes Deutscher Orgelbaumeister (BDO) und des deutschen Orgelbaus der letzten 100 Jahre sowie aller deutschen Orgelregionen. Technische und stilistische Fragen (Windladen, Pneumatik, Ideologie, Orgelprospekte). Enthält das Lexikalische Orgelbauer-Verzeichnis aller selbständig arbeitenden deutschen Orgelbauer der letzten 100 Jahre – die umfangreiche und vollständigste Vorlage aller danach erschienenen ähnlichen Veröffentlichungen. Farbiger Bildanhang mit ca. 85 alten (romantischen) und neuen Orgeln. Format 24 x 17 cm, XVIII + 462 Seiten, Leinen. ISBN 3-921 848-18-0.

ACHIM SEIP

Die Orgelbauwerkstatt Dreymann in Mainz

Mit der Niederlassung des Orgelbauers Bernhard Dreymann (1788–1857) in Mainz setzte dort wieder eine Hochblüte des Orgelbaus ein. Biographien der Orgelbauer Dreymann und ihrer Nachfolger, Werkstattgeschichte und Werkkatalog; Spezifika der Dreymann'schen Bauweise. Konstruktionszeichnungen, Bildanhang, Detailansichten, Skizzen und technische Zeichnungen. Format 22,5 x 24,5 cm, 320 S. Vierfarb-Broschur mit Fadenheftung. ISBN 3-921 848-21-0.

RENSCH ORGELBAU-FACHVERLAG LAUFFEN/NECKAR

HANS JOACHIM FALKENBERG

Zwischen Romantik und Orgelbewegung: Die Rühlmanns

Ein Beitrag zur Geschichte mitteldeutscher Orgelbaukunst. Die deutsche Orgelromantik und die aufregende Zeit des Umbruchs im Orgelbau 1920–1940, als es nicht nur die Orgelbewegung gab, wird am Beispiel der mitteldeutschen Orgelbauerfamilie Rühlmann aus Zörbig bei Halle/S. beschrieben. Die Orgelbewegung mit der Forderung „Zurück zur Barockorgel" irritierte zunächst manchen Orgelbauer, der in den letzten 50 Jahren technischen Fortschritt und klangliche Weiterentwicklung gesehen hatte. Farb-Hardcover, 75 Dispositionen über 100 Abb. und Tabellen, Format 21 x 17,5 cm, 290 Seiten, ISBN 3-921 848-19-9.

Der Orgelbauer Wilhelm Sauer (1831–1916) Leben und Werk

Sauers Lebensweg; die wirtschaftliche Entwicklung des Orgelbaus im 19. Jahrhundert; genaue Beschreibung von über 250 Sauer-Orgeln aller Größen, mechanisch und pneumatisch; Dispositionen, Mixturzusammenstellungen, Mensurangaben, Anlageskizzen usw. Werkverzeichnis 1857 bis 1910 mit fast 900 Einträgen. Das Standardwerk über einen der bedeutendsten deutschen Orgelbauer der Romantik. 124. Veröffentlichung der Gesellschaft der Orgelfreunde. Format 30 x 21cm (A4), X + 320 Seiten, über 140 Abb., Leinen. ISBN 3-921 848-17-2.

WILHELM DUPONT

Geschichte der musikalischen Temperatur

Nachdruck der Inaugural-Dissertation von 1935, hg. und mit einem Stichwortverzeichnis versehen von Richard Rensch. Dieses vielzitierte Buch ist bei aller Wissenschaftlichkeit leicht verständlich geschrieben. 143 Seiten, ill., ISBN 3-921848-14-8.

GILBERT HUYBENS

Aristide Cavaillé-Coll, Werkverzeichnis

– Opus list – Liste des travaux exécutés. 3-sprachig (deutsch, englisch, französisch). Früher schon wurden mehrere Listen von Orgeln der Firma A. Cavaillé-Coll veröffentlicht. Zwei davon sind Grundlage dieser Arbeit: 1) C. et E. Cavaillé-Coll, Aristide Cavaillé-Coll – ses origines – sa vie – ses œuvres. Paris 1929. 2) Ch. Mutin, Manufacture de grandes Orgues pour églises, chapelles & salons. Paris 1929. Das Original-Archiv wurde von den Erben Cavaillé-Coll jahrelang verleugnet, aber es ist mittlerweile bekannt, daß 1949 in Pariser Privatkreisen (leider bis heute unzugängliches) Archivmaterial vorhanden war. Verbessert und ergänzt durch Auswertung einer handschriftlichen Kopie dieser Unterlagen von dem verstorbenen belgischen Musikwissenschaftler Dom Joseph Kreps O.S.B. entstand diese übersichtliche Katalogisierung. 25,5 x 20 cm, 64 Seiten, ISBN 3-921848-12-1.